El Mapa del Ser

Alexa Murphy

Alexa Murphy

Alexa Murphy

Alexa Murphy

Indice

Introducción al Mapa del Ser

Imagina que tu vida es como un vasto territorio, un paisaje lleno de colinas, valles, ríos y desiertos. Cada rincón de ese territorio representa una parte de ti: tus pensamientos, emociones, recuerdos, y sueños. Sin embargo, a menudo nos movemos por este territorio sin un mapa, sin una guía que nos ayude a comprender por qué reaccionamos de ciertas maneras o qué es lo que realmente queremos en la vida. Este libro, "El Mapa del Ser", se propone ofrecerte esa guía. Es un recorrido profundo y reflexivo hacia la comprensión de quién eres en esencia, de qué están hechas tus emociones, y de cómo puedes utilizar este conocimiento para vivir de manera más plena y consciente.

El autoconocimiento, o el saber quiénes somos realmente, es una de las herramientas más poderosas que tenemos para navegar por la vida. Cuando entendemos nuestras emociones, nuestras motivaciones y nuestras creencias, comenzamos a ver patrones en nuestros comportamientos que antes pasaban desapercibidos. Esto nos da la capacidad de hacer elecciones más alineadas con nuestros valores y deseos auténticos, en lugar de simplemente reaccionar a lo que sucede a nuestro alrededor. Es como si de repente las piezas del rompecabezas empezaran a encajar, revelando una imagen clara de nosotros mismos.

Este libro no pretende ser un manual técnico o un texto complicado lleno de términos psicológicos difíciles de entender. Al contrario, está escrito para ser accesible a cualquier persona que sienta curiosidad por conocerse mejor, independientemente de su nivel de conocimientos previos. La idea es que cada capítulo te lleve a explorar un aspecto diferente de tu ser, desde cómo manejas tus emociones hasta cómo construyes tus relaciones con los demás. En el proceso, aprenderás a reconocer patrones en tu comportamiento, a identificar emociones que quizás no sabías que estaban ahí, y a encontrar formas de vivir de manera más auténtica y satisfactoria.

El viaje hacia el autoconocimiento no siempre es fácil. Puede ser incómodo enfrentarse a aspectos de uno mismo que preferiríamos ignorar, o descubrir que algunas de nuestras creencias más arraigadas están limitando nuestro crecimiento. Sin embargo, cada paso que damos en este viaje nos acerca más a una vida de mayor claridad y propósito. Al aprender a observarnos con honestidad y sin juzgarnos, desarrollamos una mayor compasión hacia nosotros mismos y hacia los demás. Esto, a su vez, nos permite relacionarnos de manera más genuina y enriquecedora con las personas que nos rodean.

Es importante destacar que el autoconocimiento no es un destino final, sino un proceso continuo. Siempre hay algo nuevo que descubrir sobre nosotros mismos, y siempre podemos seguir creciendo y evolucionando. Este libro no te dará todas las respuestas, pero te proporcionará herramientas y reflexiones que te ayudarán a hacer las preguntas correctas. En última instancia, el objetivo es que te sientas más en paz contigo mismo, más consciente de tus emociones y más capaz de tomar decisiones que reflejen quién eres realmente.

El "Mapa del Ser" es tu compañero en este viaje. A medida que explores sus capítulos, te invito a hacerlo con una mente abierta y una actitud de curiosidad. No se trata de juzgarte por lo que descubras, sino de aprender a aceptarte tal como eres, con todas tus fortalezas y debilidades. Porque al final, el verdadero poder del autoconocimiento radica en la aceptación. Cuando nos aceptamos plenamente, podemos comenzar a cambiar y crecer desde un lugar de amor y comprensión, en lugar de desde la crítica o el rechazo.

Así que prepárate para adentrarte en este viaje. Al igual que cualquier buen mapa, este libro está diseñado para ayudarte a orientarte, para mostrarte caminos que quizás no habías considerado, y para darte el coraje de explorar áreas de tu vida que han permanecido en la sombra. Recuerda, cada paso que des en este camino es valioso. Y aunque a veces pueda parecer difícil, el viaje hacia el autoconocimiento es uno de los más gratificantes que puedes emprender. Al final, el mayor descubrimiento que harás será el de ti mismo, y ese es un tesoro que nadie puede quitarte.

Alexa Murphy

La Psicología del Autoconocimiento

La psicología del autoconocimiento es como un espejo que nos muestra no solo lo que ya conocemos de nosotros mismos, sino también lo que normalmente está oculto a simple vista. Desde tiempos antiguos, los seres humanos han buscado entenderse a sí mismos, y hoy en día, la psicología nos ofrece herramientas valiosas para este propósito. A lo largo de este capítulo, exploraremos qué es realmente el autoconocimiento desde una perspectiva psicológica, por qué es tan importante, y cómo podemos cultivarlo en nuestra vida diaria.

El autoconocimiento, en términos simples, es la capacidad de reconocer y comprender nuestros propios pensamientos, emociones, y comportamientos. Es como tener una conversación continua con uno mismo, en la que nos preguntamos por qué hacemos lo que hacemos, qué es lo que realmente sentimos en determinadas situaciones, y qué es lo que queremos en lo más profundo. Sin embargo, a diferencia de una simple charla, el autoconocimiento requiere de un nivel de atención y reflexión que no siempre es fácil de alcanzar. Esto se debe a que nuestra mente a menudo opera en dos niveles: uno consciente, del que estamos plenamente conscientes, y otro inconsciente, que es como un océano profundo y vasto lleno de experiencias, recuerdos y emociones que influyen en nuestras decisiones sin que nos demos cuenta.

La psicología nos enseña que gran parte de lo que somos y de cómo actuamos está influido por procesos que no son inmediatamente evidentes. Por ejemplo, es posible que una persona tenga miedo de hablar en público, no porque le falte capacidad o conocimiento, sino porque en el fondo, tiene una creencia arraigada de que no es lo suficientemente buena o capaz. Esta creencia puede haberse formado en la infancia, a partir de experiencias negativas, y puede estar afectando su comportamiento de manera inconsciente. El autoconocimiento, entonces, se trata de traer a la superficie estos aspectos ocultos de nuestra mente, para que podamos entenderlos y, si es necesario, transformarlos.

Uno de los aspectos más fascinantes del autoconocimiento es que no solo nos ayuda a entender nuestras limitaciones, sino también nuestras fortalezas. Con frecuencia, subestimamos nuestras capacidades o no nos damos cuenta de los recursos internos que poseemos. Al desarrollar una mayor conciencia de nosotros mismos, podemos identificar y aprovechar mejor nuestras habilidades, lo que nos permite enfrentar desafíos con mayor confianza y resiliencia. La psicología nos proporciona diversas herramientas para este propósito, como el análisis de nuestros patrones de pensamiento, la exploración de nuestras emociones, y la reflexión sobre nuestras experiencias pasadas.

La importancia del autoconocimiento no puede subestimarse. Cuando conocemos nuestras emociones, podemos manejarlas de manera más efectiva, en lugar de ser arrastrados por ellas. Por ejemplo, si te das cuenta de que tiendes a enojarte fácilmente en ciertas situaciones, el autoconocimiento te permite identificar los desencadenantes de esa ira y trabajar para responder de manera más calmada. Esto no solo mejora tu bienestar personal, sino también tus relaciones con los demás. Del mismo modo, cuando comprendemos nuestras motivaciones profundas, podemos tomar decisiones que están más alineadas con nuestros verdaderos deseos y valores, en lugar de ser influenciados por expectativas externas o por lo que creemos que "deberíamos" hacer.

El proceso de autoconocimiento no es algo que suceda de la noche a la mañana. Requiere tiempo, paciencia, y disposición para explorar nuestro interior de manera honesta. A menudo, puede ser útil contar con la ayuda de un terapeuta o de un mentor que nos guíe en este proceso, ya que tener una perspectiva externa puede ayudarnos a ver aspectos de nosotros mismos que quizás no hemos notado. Sin embargo, hay muchas formas en las que podemos comenzar a cultivar el autoconocimiento por nuestra cuenta. La meditación, por ejemplo, es una práctica que nos ayuda a desarrollar una mayor conciencia de nuestros pensamientos y emociones, al igual que llevar un diario, donde podemos reflexionar sobre nuestras experiencias y lo que hemos aprendido de ellas.

Es importante recordar que el autoconocimiento no se trata de juzgarnos a nosotros mismos o de encontrar "fallos" que deban ser corregidos. Más bien, se trata de entendernos con compasión y curiosidad, de aceptar tanto nuestras luces como nuestras sombras. Todos tenemos aspectos de nuestra personalidad que nos gustaría mejorar, pero el primer paso hacia el cambio es la aceptación. Solo cuando aceptamos quiénes somos en este momento, podemos empezar a crecer y evolucionar de manera auténtica.

La psicología del autoconocimiento nos invita a mirar dentro de nosotros mismos con valentía y sinceridad. No siempre es un camino fácil, pero es un camino lleno de recompensas. Al conocernos mejor, no solo mejoramos nuestra relación con nosotros mismos, sino también con los demás. Nos volvemos más conscientes de cómo nuestras emociones y pensamientos afectan nuestras acciones, y esto nos da la capacidad de vivir de manera más intencional y plena. En resumen, el autoconocimiento es la clave para una vida más auténtica y satisfactoria, y la psicología nos ofrece las herramientas necesarias para desbloquear ese conocimiento y aplicarlo en nuestra vida diaria.

Identificando Nuestras Emociones

Identificar nuestras emociones es como aprender un nuevo idioma, uno que todos llevamos dentro, pero que a menudo no sabemos interpretar correctamente. Las emociones son una parte fundamental de nuestra experiencia diaria, influyen en nuestras decisiones, en nuestras relaciones, y en cómo nos sentimos con respecto a nosotros mismos y al mundo que nos rodea. Sin embargo, a pesar de su importancia, muchas veces pasamos por alto o no logramos comprender plenamente lo que estamos sintiendo. En este capítulo, nos adentraremos en la importancia de reconocer y nombrar nuestras emociones, y exploraremos cómo hacerlo puede transformar nuestra vida de maneras profundas y significativas.

Las emociones son respuestas automáticas que nuestro cuerpo y mente generan en reacción a diferentes estímulos. Pueden ser desencadenadas por algo tan simple como una canción que nos recuerda a un ser querido, o por una situación más compleja, como una discusión en el trabajo. Sin importar su origen, las emociones son mensajes que nos informan sobre nuestro estado interno y sobre cómo percibimos lo que ocurre a nuestro alrededor. Pero para poder escuchar estos mensajes y entenderlos, primero necesitamos aprender a identificarlos correctamente.

Muchas veces, nuestras emociones se presentan como una mezcla confusa de sensaciones. Podemos sentirnos tristes, enojados, y frustrados al mismo tiempo, lo que puede dificultar el proceso de identificar claramente qué es lo que realmente estamos sintiendo. En otros casos, es posible que estemos tan acostumbrados a reprimir o ignorar ciertas emociones que ni siquiera nos damos cuenta de que están ahí. Por ejemplo, una persona puede sentir una profunda tristeza, pero debido a que ha aprendido a no mostrar debilidad, puede disfrazar esa tristeza con una actitud de indiferencia o de frialdad. En este sentido, aprender a identificar nuestras emociones requiere de un proceso de autoconciencia y de honestidad con nosotros mismos.

Una de las primeras cosas que podemos hacer para identificar nuestras emociones es prestar atención a las señales físicas que nos envía nuestro cuerpo. Las emociones no solo se experimentan en la mente; también se sienten en el cuerpo. Por ejemplo, la ansiedad puede manifestarse como una opresión en el pecho o una sensación de mariposas en el estómago. La ira puede venir acompañada de una sensación de calor o de tensión en los músculos. La tristeza, por otro lado, a menudo se siente como una pesadez en el pecho o como una falta de energía. Al conectar estas sensaciones físicas con las emociones correspondientes, comenzamos a desarrollar una mayor conciencia de lo que realmente estamos sintiendo en un momento dado.

Otro paso clave en el proceso de identificación de emociones es ampliar nuestro vocabulario emocional. Muchas veces, usamos términos generales como "bien" o "mal" para describir cómo nos sentimos, sin profundizar en las emociones específicas que subyacen a esos estados. Ampliar nuestro vocabulario emocional nos permite ser más precisos a la hora de describir lo que estamos experimentando. Por ejemplo, en lugar de decir simplemente que estamos enojados, podemos preguntarnos si lo que sentimos es frustración, resentimiento, irritación, o quizás una mezcla de todas estas emociones. Cuanto más específicos seamos, más fácil será entender la causa de nuestras emociones y cómo gestionarlas.

Una herramienta útil para identificar emociones es llevar un diario emocional. Al final de cada día, puedes tomarte un momento para reflexionar sobre lo que has sentido durante el día y escribirlo. Pregúntate a ti mismo qué emociones experimentaste, qué las desencadenó, y cómo reaccionaste a ellas. Este simple acto de escribir puede ayudarte a clarificar tus emociones y a identificar patrones recurrentes en cómo respondes a diferentes situaciones. Con el tiempo, un diario emocional puede convertirse en una guía invaluable para entenderte mejor y para reconocer las emociones que a veces pasamos por alto.

Además de identificar nuestras propias emociones, es importante reconocer que nuestras emociones no siempre son directas. A veces, lo que sentimos en la superficie es una reacción a una emoción más profunda que no hemos identificado. Por ejemplo, el enojo a menudo puede ser una cubierta para el miedo o la tristeza. Si solo nos enfocamos en el enojo, podemos perder de vista la verdadera causa de nuestro malestar. Por lo tanto, parte del proceso de identificación emocional implica cuestionar nuestras emociones iniciales y explorar si hay algo más profundo detrás de ellas.

El identificar nuestras emociones no solo nos ayuda a entendernos mejor, sino que también tiene un impacto positivo en nuestras relaciones con los demás. Cuando somos conscientes de lo que estamos sintiendo, podemos comunicarnos de manera más clara y efectiva. En lugar de reaccionar impulsivamente o de proyectar nuestras emociones en otros, podemos expresar lo que sentimos de manera calmada y honesta. Esto no solo reduce los malentendidos, sino que también fortalece nuestras relaciones, ya que los demás pueden entender mejor lo que estamos experimentando y responder de manera más empática.

El proceso de identificar emociones puede ser desafiante al principio, especialmente si no estamos acostumbrados a prestarle atención a nuestro mundo emocional. Sin embargo, con la práctica, se convierte en una habilidad que podemos desarrollar y mejorar con el tiempo. La recompensa es una mayor claridad emocional y una sensación de estar más en sintonía con nosotros mismos. Al identificar nuestras emociones, tomamos el control de nuestra experiencia interna, en lugar de ser dominados por emociones que no entendemos. Esto nos permite vivir de manera más consciente y elegir cómo queremos responder a lo que la vida nos presenta.

En resumen, identificar nuestras emociones es un paso fundamental hacia el autoconocimiento y el bienestar emocional.

Es un proceso que requiere práctica, paciencia, y disposición para explorar nuestro interior con honestidad. Pero al hacerlo, ganamos una comprensión más profunda de nosotros mismos y una mayor capacidad para manejar las emociones de manera constructiva. En última instancia, este conocimiento emocional nos permite vivir de manera más auténtica y conectada, tanto con nosotros mismos como con los demás.

La Influencia del Pasado en el Presente

El pasado tiene una manera sutil, pero poderosa, de influir en nuestro presente. Aunque el tiempo avanza y las experiencias se acumulan, las vivencias que hemos tenido a lo largo de nuestra vida dejan huellas que, consciente o inconscientemente, afectan la forma en que pensamos, sentimos y actuamos hoy. En este capítulo, exploraremos cómo nuestras experiencias pasadas moldean nuestras emociones y comportamientos actuales, y cómo podemos trabajar para entender y, si es necesario, liberar la influencia que el pasado tiene sobre nosotros.

Desde que somos niños, empezamos a formar una serie de creencias y percepciones sobre nosotros mismos y el mundo que nos rodea. Estas creencias se basan en nuestras interacciones con nuestros padres, maestros, amigos, y en las experiencias que vivimos. Por ejemplo, si de niño recibiste elogios por tus logros académicos, es posible que hayas desarrollado una creencia de que solo eres valioso cuando tienes éxito. Por otro lado, si fuiste criticado constantemente, es probable que tengas una tendencia a dudar de tus capacidades. Estas creencias iniciales, aunque formadas en un contexto específico, pueden quedarse con nosotros a lo largo de la vida y afectar cómo nos vemos a nosotros mismos y cómo enfrentamos las situaciones en el presente.

No solo nuestras creencias, sino también nuestras reacciones emocionales, están profundamente influenciadas por el pasado. Imagina, por ejemplo, que de niño experimentaste un rechazo significativo, como ser excluido por tus compañeros de clase. Este tipo de experiencia puede llevar a que, en la edad adulta, sientas un miedo profundo al rechazo en situaciones sociales, incluso si ya no estás en peligro de ser excluido. El dolor del pasado se convierte en una lente a través de la cual ves el presente, afectando tus emociones y comportamientos de maneras que pueden no ser del todo racionales o útiles.

A menudo, las experiencias traumáticas o muy emotivas tienen un impacto particularmente duradero. Estas experiencias, ya sean grandes o pequeñas, pueden dejar "cicatrices" emocionales que resurgen en momentos inesperados. Por ejemplo, una persona que ha vivido una experiencia traumática en el pasado, como un accidente o una pérdida significativa, puede encontrarse reviviendo esa emoción cada vez que se enfrenta a una situación que, de alguna manera, le recuerda a ese evento. Esto es lo que comúnmente se conoce como "reactivación emocional", donde el pasado se manifiesta en el presente, a veces de manera abrumadora.

Uno de los desafíos de la influencia del pasado es que no siempre somos conscientes de cómo nos afecta. Podemos encontrarnos reaccionando de manera exagerada o inesperada a ciertas situaciones sin entender realmente por qué. Por ejemplo, podrías sentir una intensa ansiedad al enfrentar una tarea nueva en el trabajo, y aunque racionalmente sepas que eres capaz de realizarla, una parte de ti sigue reaccionando como si estuvieras en peligro de fracasar, tal vez porque en el pasado experimentaste un fracaso que te dejó una marca emocional. Este tipo de reacciones automáticas pueden ser confusas y frustrantes, especialmente cuando no logramos ver la conexión con el pasado.

Sin embargo, el hecho de que el pasado influya en el presente no significa que estemos condenados a repetir viejos patrones una y otra vez. La clave está en tomar conciencia de cómo el pasado está afectando nuestra vida actual. Al desarrollar esta conciencia, podemos comenzar a desactivar esas reacciones automáticas y hacer elecciones más conscientes y alineadas con quienes somos hoy, en lugar de actuar basados en viejas heridas o creencias que ya no nos sirven.

Un paso importante en este proceso es la reflexión. Tomarse el tiempo para pensar en experiencias pasadas que han sido especialmente significativas o dolorosas puede ayudarnos a identificar patrones que se repiten en nuestra vida. ¿Hay ciertas emociones que surgen una y otra vez en situaciones similares? ¿Sientes que ciertas creencias sobre ti mismo te están limitando?

Reflexionar sobre estas preguntas puede revelar conexiones entre el pasado y el presente que antes no habías notado.

Además de la reflexión, el trabajo con un terapeuta o consejero puede ser muy útil para explorar la influencia del pasado. Un profesional puede ayudarte a identificar cómo las experiencias pasadas están influyendo en tu vida actual y a desarrollar estrategias para manejar esas influencias de manera más saludable. Por ejemplo, si descubres que una experiencia de rechazo en la infancia está afectando tus relaciones actuales, un terapeuta puede ayudarte a trabajar en la construcción de una mayor confianza en ti mismo y en aprender a relacionarte con los demás desde un lugar de mayor seguridad y apertura.

Otra herramienta poderosa es la práctica del perdón, tanto hacia nosotros mismos como hacia los demás. El perdón no significa excusar o justificar el daño que hemos experimentado, sino liberar el control que esas experiencias tienen sobre nuestro presente. Cuando nos aferramos al resentimiento o al dolor, seguimos permitiendo que el pasado influya en nuestras emociones y comportamientos. Perdonar es un acto de liberación, una manera de decir que ya no permitiremos que el pasado determine cómo vivimos nuestra vida hoy.

Es importante recordar que el pasado es parte de nuestra historia, y no podemos cambiar lo que ya ha sucedido. Sin embargo, lo que sí podemos hacer es cambiar la forma en que el pasado nos afecta en el presente. Al tomar conciencia de las influencias del pasado, al reflexionar sobre nuestras experiencias y al trabajar activamente para liberar viejos patrones, podemos vivir de manera más plena y auténtica en el aquí y ahora.

En resumen, la influencia del pasado en el presente es un tema complejo, pero profundamente importante. Todos llevamos con nosotros las huellas de nuestras experiencias pasadas, y estas huellas pueden afectar nuestras emociones, pensamientos y comportamientos de maneras que no siempre comprendemos. Sin embargo, al tomar conciencia de esta influencia y al trabajar para entender y liberar las viejas heridas y creencias, podemos empezar a vivir de manera más consciente y libre. El pasado siempre será parte de nosotros, pero no tiene que definir nuestro presente ni nuestro futuro. Con el tiempo y la práctica, podemos aprender a honrar nuestra historia sin dejar que nos controle, y a vivir de manera más plena y auténtica en el momento presente.

Alexa Murphy

El Poder de la Autoobservación

El poder de la autoobservación es una herramienta esencial en el camino hacia el autoconocimiento y la mejora personal. La autoobservación consiste en mirar hacia adentro y observar nuestros propios pensamientos, emociones, y comportamientos sin juzgarlos. Es como ser un testigo de uno mismo, alguien que ve lo que sucede en su interior con curiosidad y sin críticas. Esta habilidad, aunque simple en teoría, puede tener un impacto profundo en cómo entendemos y manejamos nuestras vidas. En este capítulo, exploraremos qué es la autoobservación, por qué es tan poderosa, y cómo podemos cultivarla para vivir de manera más consciente y auténtica.

Imagina por un momento que estás viendo una película. Eres capaz de observar cada detalle de lo que sucede en la pantalla: los diálogos, las emociones de los personajes, las decisiones que toman. No estás dentro de la película, pero estás profundamente consciente de lo que ocurre. La autoobservación es algo parecido. Te conviertes en un observador de tu propia vida, notando cómo piensas, cómo sientes, y cómo actúas, pero sin estar tan inmerso en la experiencia que pierdas la perspectiva. Esta distancia te permite ver las cosas con mayor claridad, y te da la oportunidad de hacer cambios conscientes en lugar de simplemente reaccionar por hábito o impulso.

La autoobservación tiene un poder especial porque nos permite conocer la verdad de lo que realmente está ocurriendo dentro de nosotros. A menudo, vivimos en piloto automático, repitiendo los mismos patrones de pensamiento y comportamiento sin detenernos a preguntarnos por qué hacemos lo que hacemos. Por ejemplo, podrías encontrarte reaccionando con enojo cada vez que alguien te critica, sin darte cuenta de que esa reacción está basada en una inseguridad profunda que nunca has explorado. La autoobservación te da la oportunidad de detenerte, mirar hacia adentro, y preguntarte: "¿Por qué me siento de esta manera? ¿Qué está realmente sucediendo aquí?"

Este proceso de observación interna no es fácil. Requiere un nivel de honestidad y apertura que puede ser incómodo al principio. Verás cosas sobre ti mismo que tal vez no te gusten o que preferirías ignorar. Pero es precisamente en esta honestidad donde reside el poder de la autoobservación. Al ser sincero contigo mismo, comienzas a entender los patrones que han estado dirigiendo tu vida sin que te dieras cuenta. Y una vez que eres consciente de esos patrones, puedes comenzar a cambiarlos.

Un aspecto fundamental de la autoobservación es que debe ser sin juicios. No se trata de criticarte por lo que ves o de sentirte mal por no ser "perfecto". Al contrario, se trata de mirar tus pensamientos, emociones, y comportamientos con una mente abierta y curiosa. Imagina que eres un científico que está observando un experimento. No juzgas los resultados del experimento; simplemente los observas y tomas nota. Con la autoobservación, haces lo mismo con tu experiencia interna. Al hacerlo, te das cuenta de que todos tenemos pensamientos y emociones que pueden ser incómodos o difíciles, pero que esos pensamientos y emociones no definen quiénes somos.

La práctica de la autoobservación también te permite descubrir las conexiones entre tus pensamientos, emociones, y acciones. Por ejemplo, podrías notar que cada vez que piensas que no eres lo suficientemente bueno, sientes una sensación de tristeza o ansiedad, lo que a su vez te lleva a evitar situaciones en las que podrías ser juzgado. Esta cadena de reacciones es algo que quizás nunca habías notado antes. Pero al observarla, te das cuenta de que tienes el poder de intervenir en cualquier punto de esa cadena y hacer un cambio. Puedes trabajar en cambiar el pensamiento inicial, puedes aprender a manejar la emoción de manera diferente, o puedes decidir actuar de una manera que no esté dictada por esos sentimientos.

Otro beneficio de la autoobservación es que te ayuda a desarrollar una mayor autocompasión. Al observarte a ti mismo con empatía y sin juicios, comienzas a tratarte con la misma gentileza que mostrarías a un amigo. Comprendes que, como todos, estás haciendo lo mejor que puedes con las herramientas y la comprensión que tienes en este momento. Esta autocompasión es clave para el crecimiento personal, porque te permite aceptar tus errores y debilidades sin sentirte abrumado por la culpa o la vergüenza. En lugar de castigarte por lo que no estás haciendo bien, te enfocas en aprender y mejorar de una manera saludable.

La autoobservación no es una práctica que se realiza una sola vez. Es un hábito que se cultiva con el tiempo. Puede comenzar con algo tan simple como tomarte unos minutos al final del día para reflexionar sobre cómo te sentiste y actuaste en diferentes situaciones. ¿Hubo momentos en los que te sentiste particularmente bien o mal? ¿Qué pensamientos pasaron por tu mente en esos momentos? ¿Cómo reaccionaste? Al hacerte estas preguntas, comienzas a desarrollar una mayor conciencia de tu mundo interior.

Con el tiempo, la autoobservación se convierte en una herramienta que puedes utilizar en cualquier momento, no solo en la reflexión diaria. Puedes comenzar a practicarla en tiempo real, mientras estás en medio de una situación emocionalmente cargada. Por ejemplo, si te encuentras en una discusión acalorada, puedes detenerte por un momento y observar lo que está sucediendo dentro de ti. ¿Estás sintiendo enojo? ¿Qué pensamientos están alimentando ese enojo? ¿Cómo está afectando tu cuerpo? Esta pausa para la autoobservación te da el espacio necesario para elegir una respuesta más consciente en lugar de reaccionar impulsivamente.

Es importante recordar que la autoobservación no es lo mismo que la introspección excesiva o el análisis constante de cada detalle de nuestra vida. No se trata de obsesionarse con uno mismo, sino de desarrollar una conciencia suave y constante de lo que está ocurriendo en nuestro interior. Es como tener una luz suave encendida dentro de ti, una luz que ilumina lo que necesitas ver sin ser demasiado intensa o abrumadora.

El poder de la autoobservación radica en su capacidad para transformar nuestra vida desde adentro. Nos permite conocer nuestras verdaderas motivaciones, identificar patrones que nos han estado frenando, y desarrollar una mayor autocompasión y entendimiento. A través de la práctica constante, comenzamos a vivir de manera más consciente y auténtica, tomando decisiones que están alineadas con nuestros valores y objetivos más profundos. La autoobservación nos da el control de nuestra propia narrativa, permitiéndonos escribir la historia de nuestra vida con mayor claridad y propósito.

En resumen, la autoobservación es una herramienta poderosa para el autoconocimiento y la mejora personal. Al observarnos a nosotros mismos con honestidad y sin juicios, comenzamos a entender mejor quiénes somos y por qué actuamos de la manera en que lo hacemos. Este entendimiento nos da la libertad de hacer cambios positivos y de vivir de una manera más plena y consciente. La práctica de la autoobservación es un viaje continuo, pero uno que vale la pena emprender, ya que nos lleva a una vida más auténtica y significativa.

Comprendiendo Nuestras Creencias

Nuestras creencias son como el marco invisible a través del cual vemos y entendemos el mundo. Desde temprana edad, empezamos a formarlas basándonos en nuestras experiencias, en lo que nos dicen las personas a nuestro alrededor, y en lo que observamos en nuestro entorno. Estas creencias guían nuestras decisiones, influyen en nuestras emociones, y moldean la forma en que nos relacionamos con los demás. Sin embargo, a menudo no somos conscientes de cómo nuestras creencias afectan nuestra vida diaria, y menos aún de que muchas de ellas podrían estar limitándonos en lugar de ayudarnos a crecer. En este capítulo, exploraremos qué son las creencias, cómo se forman, y cómo podemos empezar a comprenderlas para vivir de manera más libre y auténtica.

Para entender nuestras creencias, primero debemos reconocer que no todas son iguales. Algunas creencias son conscientes, lo que significa que estamos plenamente al tanto de ellas. Por ejemplo, puedes ser consciente de que crees que el trabajo duro es esencial para el éxito, o que valoras la honestidad por encima de todo. Estas creencias son claras para ti y a menudo guían tus acciones de manera directa. Sin embargo, muchas otras creencias son inconscientes; están tan profundamente arraigadas en nosotros que no nos damos cuenta de que las tenemos. Estas creencias inconscientes, aunque invisibles en la superficie, pueden tener un impacto muy poderoso en cómo vivimos nuestra vida.

Las creencias se forman a lo largo de nuestra vida a través de una variedad de fuentes. Los padres y cuidadores son, en muchos casos, los primeros en influir en nuestras creencias. Desde la infancia, absorbemos lo que ellos nos dicen sobre el mundo y sobre nosotros mismos. Si un niño crece escuchando que es inteligente y capaz, es probable que desarrolle una creencia fuerte en su propia competencia. Por otro lado, si un niño escucha constantemente que no es lo suficientemente bueno, puede formar la creencia de que siempre fallará o de que no merece el éxito. Estas creencias, formadas en la infancia, pueden quedarse con nosotros durante toda la vida si no las cuestionamos.

Pero no solo nuestras experiencias familiares moldean nuestras creencias. La cultura en la que crecemos, la sociedad, la religión, la educación, y nuestras propias experiencias personales también juegan un papel crucial. Por ejemplo, alguien que crece en una sociedad donde el éxito se mide por el estatus y las posesiones materiales puede llegar a creer que su valor como persona depende de lo que posee o del prestigio que tiene. Esta creencia puede llevarlo a buscar constantemente más y más, sin detenerse a preguntarse si eso es realmente lo que le da felicidad.

Una vez que se forman, las creencias tienden a reforzarse a sí mismas. Esto sucede porque, de manera inconsciente, buscamos información y experiencias que confirmen lo que ya creemos, y descartamos o ignoramos aquello que podría contradecir nuestras creencias. Este fenómeno se conoce como sesgo de confirmación. Por ejemplo, si crees que las personas son inherentemente deshonestas, es probable que prestes más atención a las ocasiones en que alguien te engaña, y que ignores o minimices las veces en que las personas son sinceras contigo. De esta manera, la creencia de que "la gente es deshonesta" se refuerza y se vuelve más fuerte con el tiempo.

Es aquí donde se vuelve crucial el trabajo de comprender nuestras creencias. Si no somos conscientes de ellas, podemos quedar atrapados en patrones que no reflejan quiénes somos realmente o lo que queremos en la vida. Imagina, por ejemplo, que tienes la creencia inconsciente de que no eres digno de ser amado. Esta creencia podría hacer que sabotees relaciones románticas o que te conformes con menos de lo que realmente deseas, simplemente porque en el fondo no crees que mereces más. Sin embargo, al hacer consciente esta creencia y al cuestionarla, puedes empezar a ver que no se basa en la realidad, sino en experiencias pasadas que ya no tienen por qué definir tu presente o tu futuro.

Comprender nuestras creencias comienza con la autoobservación y la reflexión. Una buena manera de empezar es preguntándote a ti mismo por qué haces lo que haces, o por qué piensas de cierta manera. Por ejemplo, si te encuentras constantemente preocupado por el dinero, podrías preguntarte: "¿Qué creo realmente sobre el dinero? ¿Creo que nunca es suficiente? ¿Creo que no soy capaz de manejarlo bien?" Estas preguntas pueden ayudarte a descubrir creencias subyacentes que ni siquiera sabías que tenías.

Otra forma de explorar tus creencias es prestando atención a tus emociones. Nuestras emociones a menudo nos dan pistas sobre nuestras creencias más profundas. Si sientes miedo al tomar riesgos, podrías tener la creencia de que el fracaso es algo terrible y que debe evitarse a toda costa. Si sientes envidia cuando ves a alguien más tener éxito, tal vez creas que no es posible para ti alcanzar ese nivel de éxito, o que no lo mereces. Al identificar estas emociones y rastrear su origen, puedes empezar a desenterrar las creencias que las alimentan.

Es importante destacar que no todas las creencias son negativas o limitantes. Muchas de nuestras creencias son saludables y nos apoyan en la vida diaria. Por ejemplo, creer en la bondad de las personas o en nuestra capacidad para superar desafíos son creencias que nos pueden dar fuerza y motivación. Sin embargo, el objetivo de comprender nuestras creencias no es eliminar todas ellas, sino identificar cuáles nos están sirviendo y cuáles no. Al hacerlo, podemos elegir conscientemente en qué queremos creer y empezar a construir un sistema de creencias que esté alineado con nuestra verdad y nuestros objetivos.

Una vez que hemos identificado una creencia limitante, el siguiente paso es cuestionarla. Pregúntate: "¿De dónde viene esta creencia? ¿Es realmente cierta? ¿Me está ayudando o me está frenando?" Al hacer estas preguntas, puedes empezar a ver que muchas de las creencias que has llevado contigo durante años no son más que interpretaciones o conclusiones basadas en experiencias pasadas que ya no son relevantes. Al cuestionar estas creencias, abres la puerta a la posibilidad de crear nuevas creencias que reflejen mejor quién eres ahora y lo que quieres lograr.

Cambiar una creencia no es algo que suceda de la noche a la mañana. Requiere tiempo, paciencia, y esfuerzo. Una manera efectiva de hacerlo es mediante la repetición consciente de nuevas creencias que quieras adoptar. Por ejemplo, si quieres cambiar la creencia de que no eres lo suficientemente bueno, puedes empezar a decirte a ti mismo afirmaciones positivas, como "Soy capaz y merezco el éxito". Con el tiempo, estas afirmaciones pueden empezar a reemplazar la creencia limitante con una más positiva y empoderadora.

Además, es útil rodearte de personas y entornos que refuercen las nuevas creencias que estás tratando de adoptar. Si quieres creer que eres digno de ser amado, busca relaciones y amistades que te apoyen y te valoren por lo que eres. Si estás trabajando en una creencia sobre el éxito, rodéate de personas que te inspiren y que te muestren que es posible lograr lo que deseas. Al hacerlo, empiezas a construir un entorno que respalda las creencias que quieres cultivar.

En resumen, comprender nuestras creencias es un paso fundamental en el camino hacia el autoconocimiento y la libertad personal. Nuestras creencias son poderosas porque moldean nuestra percepción del mundo y, en última instancia, nuestra vida. Al tomarnos el tiempo para identificar y cuestionar nuestras creencias, podemos liberarnos de aquellas que nos limitan y reemplazarlas con creencias que nos apoyen en nuestro crecimiento y bienestar. Este proceso no solo nos permite vivir de manera más consciente, sino que también nos da el poder de crear una vida que esté alineada con nuestra verdadera esencia y nuestros más profundos deseos.

La Mente Consciente vs. la Mente Inconsciente

La mente humana es un territorio vasto y complejo, dividido en dos partes principales que trabajan juntas para formar nuestra experiencia diaria: la mente consciente y la mente inconsciente. Aunque a menudo pensamos en nuestra mente como una entidad unificada, en realidad, estos dos aspectos operan de maneras muy diferentes, pero complementarias. Entender cómo funcionan la mente consciente y la mente inconsciente es crucial para conocernos mejor, tomar decisiones más informadas y llevar una vida más equilibrada. En este capítulo, exploraremos las diferencias entre estas dos partes de la mente, cómo interactúan entre sí, y cómo podemos aprender a utilizar ambas de manera efectiva para nuestro beneficio personal.

La mente consciente es la parte de nuestra mente que utilizamos cuando estamos despiertos y alertas. Es la parte de nosotros que es consciente de lo que sucede en el momento presente, la que toma decisiones deliberadas y se ocupa de los problemas que tenemos que resolver en nuestra vida diaria. Por ejemplo, cuando decides qué ropa ponerte, cuando piensas en cómo resolver un problema en el trabajo, o cuando mantienes una conversación con alguien, estás utilizando tu mente consciente. Esta parte de la mente es lógica y racional, y está involucrada en todo lo que requiere pensamiento activo y concentración.

Sin embargo, la mente consciente es solo la punta del iceberg. Debajo de la superficie, en las profundidades de nuestra psique, se encuentra la mente inconsciente. La mente inconsciente es como un vasto océano que contiene todos nuestros recuerdos, creencias, emociones y experiencias pasadas que no están presentes en nuestra conciencia inmediata. Aunque no somos conscientes de todo lo que sucede en nuestra mente inconsciente, esta parte de nuestra mente tiene una influencia tremenda sobre cómo pensamos, sentimos y actuamos. De hecho, algunos psicólogos estiman que hasta el 95% de nuestras acciones diarias están guiadas por procesos inconscientes.

La mente inconsciente es como un almacén donde se guarda todo lo que hemos vivido, incluso aquellos eventos que ya no recordamos de manera consciente. Por ejemplo, cuando eras un niño pequeño, pudiste haber aprendido a tener miedo de los perros después de haber sido mordido por uno. Aunque es posible que no recuerdes claramente ese evento, la emoción asociada a él, el miedo, se almacena en tu mente inconsciente. Así, cada vez que te encuentras con un perro, tu mente inconsciente podría activar ese miedo, incluso si tu mente consciente no entiende por qué te sientes de esa manera.

Además de almacenar recuerdos y emociones, la mente inconsciente también juega un papel crucial en la formación de hábitos y patrones de comportamiento. Los hábitos son acciones que repetimos una y otra vez hasta que se vuelven automáticas. Al principio, cuando estás aprendiendo algo nuevo, tu mente consciente está muy involucrada. Por ejemplo, piensa en cuando aprendiste a conducir. Al principio, tu mente consciente tenía que recordar cada paso:

ajustar los espejos, poner el cinturón de seguridad, mirar los espejos antes de cambiar de carril. Con el tiempo, estas acciones se convirtieron en hábitos, almacenados en tu mente inconsciente. Ahora, cuando conduces, no necesitas pensar activamente en cada uno de esos pasos; los realizas de manera automática gracias a tu mente inconsciente.

La relación entre la mente consciente y la mente inconsciente es fascinante porque, aunque son diferentes, están constantemente interactuando. Un ejemplo claro de esta interacción es cuando tienes una "corazonada" o un "instinto" sobre algo. Puede que no seas capaz de explicar racionalmente por qué sientes que debes tomar una determinada decisión, pero tu mente inconsciente, basándose en un vasto conjunto de experiencias pasadas y conocimiento almacenado, te está enviando señales. Estas corazonadas son un ejemplo de cómo la mente inconsciente puede influir en las decisiones de la mente consciente, a menudo sin que te des cuenta.

Es importante mencionar que, aunque la mente consciente es más lógica y analítica, y la mente inconsciente es más emocional e intuitiva, ambas tienen su propio valor. La mente consciente nos permite planificar, razonar y resolver problemas de manera deliberada, mientras que la mente inconsciente nos permite funcionar de manera eficiente, tomar decisiones rápidas basadas en la experiencia, y gestionar nuestras emociones. Ninguna es mejor que la otra; en cambio, se complementan entre sí.

Sin embargo, el hecho de que gran parte de nuestra vida esté guiada por la mente inconsciente plantea una pregunta importante: ¿Qué sucede si nuestras creencias y emociones inconscientes están en conflicto con lo que queremos conscientemente? Este conflicto interno es algo que muchas personas experimentan sin siquiera darse cuenta de lo que está sucediendo. Por ejemplo, conscientemente, puedes desear tener éxito en tu carrera, pero si en tu mente inconsciente hay una creencia de que no mereces el éxito o de que el éxito siempre viene acompañado de sacrificios personales, podrías sabotear tus propios esfuerzos sin entender por qué.

Aquí es donde la autoobservación y el trabajo interior se vuelven cruciales. Al hacernos conscientes de nuestras creencias y emociones inconscientes, podemos empezar a alinearlas con nuestros deseos conscientes. Esto no es un proceso fácil ni rápido, pero es posible. A través de la introspección, la meditación, la terapia o simplemente la reflexión personal, podemos empezar a desenterrar esas creencias y patrones inconscientes que nos están frenando y trabajar para cambiarlos.

Un ejemplo de cómo la mente consciente y la mente inconsciente pueden trabajar juntas para crear cambios positivos es el uso de afirmaciones. Las afirmaciones son declaraciones positivas que repetimos a nosotros mismos para cambiar patrones de pensamiento negativos o limitantes. Aunque al principio puede parecer que solo estás diciendo palabras vacías, con el tiempo, estas afirmaciones pueden comenzar a penetrar en tu mente inconsciente y reemplazar creencias negativas con creencias más positivas. Por ejemplo, si tienes una creencia inconsciente de que no eres lo suficientemente bueno, repetir afirmaciones como "Soy capaz y merezco lo mejor" puede ayudarte a cambiar esa creencia con el tiempo.

Otro aspecto importante de la mente inconsciente es su relación con los sueños. Los sueños son una ventana a nuestro mundo inconsciente, una forma en que nuestra mente procesa y trabaja con las emociones y experiencias que no hemos resuelto durante el día. Aunque los sueños pueden parecer caóticos o sin sentido, a menudo contienen mensajes importantes de nuestra mente inconsciente. Prestar atención a nuestros sueños y reflexionar sobre ellos puede ser una forma poderosa de entender lo que está sucediendo en nuestro interior y de traer a la conciencia aspectos de nosotros mismos que hemos estado ignorando.

En resumen, la mente consciente y la mente inconsciente son dos partes esenciales de nuestra experiencia humana. La mente consciente nos permite pensar y actuar de manera deliberada, mientras que la mente inconsciente almacena nuestras experiencias pasadas, emociones, y creencias, y guía gran parte de nuestro comportamiento diario. Entender cómo funcionan estas dos partes de la mente y cómo interactúan entre sí es fundamental para conocernos mejor, tomar decisiones más informadas, y vivir de manera más equilibrada. Al trabajar para hacer consciente lo inconsciente, podemos empezar a liberar el poder de nuestra mente completa y vivir de manera más auténtica y plena.

El Papel del Ego en el Mapa del Ser

El ego es un concepto que ha sido discutido y explorado en muchas tradiciones filosóficas, espirituales y psicológicas a lo largo de los siglos. En el contexto de la psicología y del Mapa del Ser, el ego juega un papel fundamental en la forma en que nos percibimos a nosotros mismos y cómo interactuamos con el mundo que nos rodea. Para entender mejor qué es el ego y cómo influye en nuestras vidas, es importante desglosar su naturaleza, su origen, y cómo puede tanto ayudarnos como limitarnos en nuestro camino hacia el autoconocimiento y la realización personal.

El ego, en su forma más básica, es la parte de nuestra mente que se identifica con nuestra individualidad. Es la voz interna que dice "yo" y que se encarga de crear y mantener una imagen de quién creemos ser. Esta imagen está compuesta por nuestras creencias, nuestros recuerdos, nuestros deseos y miedos, y todas las etiquetas que usamos para describirnos, como nuestros roles en la vida (padre, madre, trabajador, estudiante) y nuestras características (inteligente, fuerte, amable, etc.). El ego es esencialmente nuestra identidad psicológica, la forma en que nos definimos y cómo queremos que los demás nos vean.

Desde una perspectiva evolutiva, el ego ha sido una herramienta necesaria para nuestra supervivencia. Nos ha permitido diferenciarnos de los demás, establecer límites personales, y tomar decisiones que favorezcan nuestro bienestar. El ego nos ayuda a navegar por el mundo social, a protegernos de posibles amenazas, y a buscar lo que necesitamos para sobrevivir y prosperar. Sin un sentido de identidad individual, sería difícil para nosotros funcionar de manera efectiva en la sociedad, ya que no tendríamos una idea clara de quiénes somos ni de lo que queremos.

Sin embargo, el ego también tiene su lado oscuro. Debido a que el ego se basa en la idea de separación y de individualidad, tiende a enfocarse en la protección y defensa de esa identidad a toda costa. Esto puede llevar a una serie de problemas en nuestra vida diaria, como el miedo al cambio, la necesidad constante de aprobación, la tendencia a comparar nuestras vidas con las de los demás, y el sufrimiento causado por el apego a nuestra imagen de nosotros mismos. Cuando el ego se vuelve demasiado dominante, puede hacer que nos sintamos desconectados de los demás y de nuestra propia esencia, lo que puede llevar a sentimientos de soledad, inseguridad y ansiedad.

El ego se forma desde una edad muy temprana, a medida que empezamos a entendernos a nosotros mismos como seres separados de nuestros padres y del mundo exterior. A medida que crecemos, el ego se desarrolla y se refuerza a través de nuestras experiencias y de la forma en que los demás nos tratan. Por ejemplo, si recibimos elogios y reconocimiento por ser buenos en algo, como en la escuela o en el deporte, nuestro ego comenzará a identificarse con esos logros y a construir una imagen de nosotros mismos como "inteligentes" o "exitosos". Por otro lado, si somos criticados o rechazados, el ego puede comenzar a formarse alrededor de una idea de inferioridad o de no ser lo suficientemente buenos.

Este proceso de formación del ego no es en sí mismo negativo; es una parte natural del desarrollo humano. Sin embargo, el problema surge cuando nos identificamos demasiado con nuestro ego y comenzamos a creer que somos solo esa imagen que hemos construido. Cuando esto sucede, nuestra vida se convierte en una búsqueda constante de validación y en un esfuerzo por proteger y reforzar esa identidad, incluso si eso significa sacrificar nuestra verdadera felicidad o nuestro crecimiento personal. Por ejemplo, alguien que se identifica fuertemente con su carrera profesional puede volverse obsesionado con el éxito y el reconocimiento, a tal punto que descuide su salud, sus relaciones personales, o su bienestar emocional.

Una de las trampas más comunes del ego es el apego a la imagen que hemos creado de nosotros mismos. Este apego puede manifestarse de muchas maneras, como el miedo al fracaso, la necesidad de tener siempre la razón, o la incapacidad de aceptar críticas. Cuando estamos apegados a nuestra imagen del ego, cualquier cosa que la desafíe o la amenace se percibe como un ataque personal, lo que puede llevarnos a reaccionar de manera defensiva o agresiva. Esta necesidad constante de proteger nuestra identidad puede crear conflictos tanto internos como externos, y puede impedirnos crecer y cambiar de manera saludable.

Además, el ego tiende a compararse constantemente con los demás. Esta comparación puede llevarnos a sentirnos superiores o inferiores, dependiendo de cómo nos midamos en relación con los demás. Si nos sentimos superiores, el ego puede inflarse, lo que puede llevar a la arrogancia y al desprecio hacia los demás. Si nos sentimos inferiores, el ego puede hacernos sentir inseguros, envidiosos o resentidos. En ambos casos, esta comparación nos aleja de la posibilidad de vivir de manera auténtica y en paz, ya que siempre estaremos buscando validación externa o sintiéndonos insuficientes.

El papel del ego en el Mapa del Ser es complejo, ya que no se trata de eliminar el ego por completo, sino de entenderlo, reconocer sus limitaciones, y aprender a utilizarlo de manera constructiva. El ego es una parte necesaria de nuestra experiencia humana, pero no debe ser el único director de nuestra vida. Cuando logramos ver el ego por lo que es, una construcción mental destinada a ayudarnos a navegar por el mundo, podemos empezar a desapegarnos de él y a vivir de manera más libre y consciente.

Una de las formas más efectivas de trabajar con el ego es a través de la autoobservación y la práctica de la atención plena. La autoobservación nos permite tomar conciencia de cuándo el ego está actuando, ya sea en forma de pensamientos, emociones o comportamientos. Por ejemplo, si notas que te estás sintiendo resentido porque alguien más recibió un reconocimiento que tú creías merecer, puedes observar ese sentimiento y darte cuenta de que es tu ego el que está hablando. Esta simple toma de conciencia puede ayudarte a distanciarte de la reacción automática y a elegir una respuesta más consciente y saludable.

La práctica de la atención plena, o mindfulness, es otra herramienta poderosa para trabajar con el ego. Al estar presentes en el momento, sin juzgar ni aferrarnos a nuestros pensamientos y emociones, podemos empezar a ver el ego con más claridad. En lugar de identificarnos con cada pensamiento o emoción que surge, podemos observarlos como lo que son: fenómenos temporales que no definen nuestra verdadera esencia. Con el tiempo, esta práctica puede ayudarnos a desarrollar una mayor sensación de paz interior y a reducir la influencia del ego en nuestra vida.

Otro aspecto importante de trabajar con el ego es el desarrollo de la compasión, tanto hacia nosotros mismos como hacia los demás. El ego a menudo se alimenta del juicio y la crítica, tanto interna como externamente. Cuando desarrollamos la compasión, empezamos a vernos a nosotros mismos y a los demás con más amabilidad y comprensión. Esto no significa que ignoremos nuestros defectos o que justifiquemos comportamientos dañinos, sino que reconocemos que todos estamos en un camino de aprendizaje y crecimiento, y que nuestros errores y fallos son parte de ese proceso.

El ego también puede ser transformado a través del servicio a los demás. Cuando nos enfocamos en ayudar a otros, en lugar de solo en nuestras propias necesidades y deseos, el ego pierde algo de su poder. El servicio nos permite conectarnos con una realidad más grande que nosotros mismos y nos ayuda a desarrollar cualidades como la humildad, la empatía y la generosidad. Al hacer esto, empezamos a desmantelar las barreras que el ego crea entre nosotros y los demás, y nos movemos hacia una forma de vida más altruista y conectada.

En conclusión, el ego es una parte esencial del Mapa del Ser, pero no es la totalidad de lo que somos. Entender el ego, reconocer sus patrones y aprender a trabajar con él es fundamental para nuestro desarrollo personal y espiritual. Al hacerlo, podemos liberar el poder del verdadero yo, que no está definido por el ego, sino que trasciende la identidad individual para conectarse con algo más profundo y auténtico. Este proceso no es fácil y requiere tiempo, esfuerzo y dedicación, pero es un camino que puede llevarnos a una mayor paz interior, a relaciones más saludables, y a una vida más plena y significativa.

Reconociendo y Gestionando la Ansiedad

La ansiedad es una experiencia común en la vida humana. Todos, en algún momento, hemos sentido ese nudo en el estómago, las manos sudorosas o la mente corriendo a mil por hora, preocupándonos por algo que aún no ha sucedido o que tal vez nunca sucederá. Aunque la ansiedad es una respuesta natural a situaciones de estrés, cuando se vuelve constante o abrumadora, puede afectar seriamente nuestra calidad de vida. En este capítulo, exploraremos qué es la ansiedad, cómo reconocerla, y, lo más importante, cómo gestionarla de manera efectiva para que no controle nuestra vida.

Primero, es importante entender que la ansiedad, en sí misma, no es algo malo. De hecho, es una respuesta adaptativa que ha evolucionado para ayudarnos a sobrevivir. Cuando nuestros antepasados se enfrentaban a peligros físicos, como depredadores o entornos hostiles, la ansiedad activaba el cuerpo para luchar o huir. Esta respuesta de "lucha o huida" nos preparaba para enfrentar una amenaza o escapar de ella. Incluso hoy, la ansiedad puede ser útil, motivándonos a prepararnos para un examen, a ser más cautelosos en situaciones peligrosas, o a reaccionar rápidamente ante una emergencia.

Sin embargo, en el mundo moderno, la ansiedad a menudo se desencadena por situaciones que no representan un peligro físico inmediato, pero que nuestro cerebro percibe como amenazas. Estos pueden incluir preocupaciones sobre el trabajo, la salud, las relaciones, o incluso el estado del mundo en general. Cuando estas preocupaciones se vuelven persistentes y desproporcionadas, la ansiedad puede convertirse en un problema. Puede interferir con nuestra capacidad para disfrutar la vida, concentrarnos en el presente, y tomar decisiones racionales. En estos casos, aprender a reconocer y gestionar la ansiedad es crucial.

Uno de los primeros pasos para gestionar la ansiedad es reconocer cuándo está presente. Esto puede parecer sencillo, pero la ansiedad a menudo se manifiesta de maneras sutiles o se disfraza de otras emociones y comportamientos. Por ejemplo, puedes sentirte irritable, cansado, o tener problemas para concentrarte sin darte cuenta de que la ansiedad es la causa subyacente. También puede manifestarse a través de síntomas físicos, como dolores de cabeza, tensión muscular, problemas digestivos, o insomnio. Es importante prestar atención a estas señales y preguntarte si podrían estar relacionadas con la ansiedad.

La autoobservación es una herramienta valiosa en este proceso. Tómate el tiempo para reflexionar sobre tus pensamientos y emociones, especialmente cuando te sientas abrumado o estresado. Pregúntate: ¿De qué estoy preocupado? ¿Hay algo que me esté causando ansiedad? ¿Es una preocupación realista o estoy exagerando el peligro? A menudo, solo reconocer que estás ansioso puede ser el primer paso para aliviar la ansiedad, ya que te permite distanciarte de la emoción y observarla con más claridad.

Una vez que hayas reconocido la ansiedad, el siguiente paso es aprender a gestionarla. Hay muchas estrategias diferentes que puedes usar, y lo que funciona para una persona puede no funcionar para otra. Lo más importante es encontrar lo que te funciona a ti y estar dispuesto a experimentar con diferentes enfoques hasta que encuentres lo que te ayuda a sentirte mejor.

Una de las técnicas más efectivas para gestionar la ansiedad es la respiración profunda. Cuando estamos ansiosos, nuestra respiración tiende a volverse rápida y superficial, lo que puede aumentar la sensación de pánico. Al enfocar tu atención en tu respiración y tomar respiraciones lentas y profundas, puedes activar la respuesta de relajación de tu cuerpo, lo que ayuda a calmar tu mente y reducir los síntomas físicos de la ansiedad. Intenta inhalar profundamente por la nariz durante cuatro segundos, sostener la respiración por otros cuatro segundos, y luego exhalar lentamente por la boca durante seis segundos. Repite este proceso varias veces hasta que sientas que tu cuerpo comienza a relajarse.

Otra estrategia útil es la meditación y la atención plena, o mindfulness. La meditación puede ayudarte a entrenar tu mente para mantenerse en el momento presente, en lugar de quedar atrapada en preocupaciones sobre el futuro o arrepentimientos sobre el pasado. La atención plena te invita a observar tus pensamientos y emociones sin juzgarlos ni tratar de cambiarlos. Simplemente los reconoces y los dejas pasar. Con la práctica, la meditación puede ayudarte a desarrollar una mayor calma interior y a reducir la tendencia a reaccionar de manera automática y ansiosa ante los desafíos de la vida.

Además de estas técnicas, es importante también cuidar tu cuerpo. La ansiedad afecta tanto a la mente como al cuerpo, y a menudo están interconectados. Hacer ejercicio regularmente es una de las formas más efectivas de reducir la ansiedad, ya que el ejercicio libera endorfinas, que son sustancias químicas en el cerebro que mejoran el estado de ánimo. No necesitas hacer un entrenamiento intenso para obtener los beneficios; incluso una caminata diaria de 30 minutos puede marcar una gran diferencia.

El sueño también juega un papel crucial en la gestión de la ansiedad. La falta de sueño puede aumentar la vulnerabilidad a la ansiedad, creando un ciclo vicioso donde la ansiedad te impide dormir y la falta de sueño exacerba la ansiedad. Establecer una rutina de sueño regular, crear un ambiente propicio para dormir, y evitar estimulantes como la cafeína y los dispositivos electrónicos antes de acostarte puede ayudarte a mejorar la calidad de tu sueño y, en consecuencia, reducir la ansiedad.

Otro aspecto importante de gestionar la ansiedad es la alimentación. Lo que comes puede afectar directamente cómo te sientes. Una dieta equilibrada, rica en frutas, verduras, proteínas magras y granos enteros, puede proporcionar a tu cuerpo los nutrientes que necesita para funcionar de manera óptima, incluyendo el manejo del estrés. Evitar el exceso de azúcar, alcohol y cafeína también puede ayudar a mantener los niveles de ansiedad bajo control.

Además de cuidar tu cuerpo, es fundamental también cuidar tu mente. A menudo, la ansiedad surge de patrones de pensamiento negativos o distorsionados. Por ejemplo, podrías estar catastrofizando, es decir, imaginando el peor escenario posible, o pensando en términos absolutos, como "si no hago esto perfectamente, habré fracasado por completo". Identificar y desafiar estos patrones de pensamiento puede ayudarte a reducir la ansiedad. Pregúntate: ¿Es realmente probable que suceda lo que estoy temiendo? ¿Hay alguna evidencia que respalde este pensamiento? ¿Qué diría a un amigo que estuviera teniendo estos pensamientos? Reestructurar tus pensamientos de manera más realista y positiva puede ayudarte a aliviar la ansiedad.

Además, es importante recordar que no tienes que enfrentar la ansiedad solo. Hablar con alguien en quien confíes, ya sea un amigo, un familiar o un terapeuta, puede ser extremadamente útil. A veces, solo compartir tus preocupaciones con alguien más puede ayudarte a poner las cosas en perspectiva y a sentirte menos solo en tus luchas. Un terapeuta, en particular, puede ofrecerte herramientas y estrategias específicas para manejar la ansiedad, como la terapia cognitivo-conductual, que se ha demostrado que es eficaz para tratar la ansiedad.

A lo largo de todo este proceso, es esencial practicar la autocompasión. La ansiedad puede ser frustrante y agotadora, y es fácil caer en la trampa de criticarte a ti mismo por sentirte ansioso o por no manejar las cosas de la manera que te gustaría. Recuerda que la ansiedad es una parte normal de la experiencia humana, y que todos la enfrentamos en algún momento. En lugar de juzgarte a ti mismo, trata de tratarte con la misma amabilidad y comprensión que le ofrecerías a un amigo que estuviera pasando por lo mismo. La autocompasión puede ayudarte a reducir el estrés y a mantener una perspectiva más equilibrada sobre tus emociones y desafíos.

Por último, es importante recordar que la gestión de la ansiedad es un proceso continuo. No existe una solución rápida o un enfoque único que funcione para todos. En lugar de buscar una "cura" inmediata, enfócate en desarrollar un conjunto de herramientas y estrategias que puedas utilizar a lo largo del tiempo. A medida que practiques estas técnicas y continúes explorando lo que funciona mejor para ti, es probable que descubras que puedes manejar la ansiedad de manera más efectiva y vivir una vida más plena y equilibrada.

En resumen, la ansiedad es una parte inevitable de la vida, pero no tiene que dominarla. Al aprender a reconocer la ansiedad, entender sus causas, y aplicar técnicas para gestionarla, puedes reducir su impacto en tu vida y encontrar mayor paz y bienestar. Ya sea a través de la respiración profunda, la meditación, el ejercicio, o el simple acto de hablar con alguien, hay muchas maneras de abordar la ansiedad de manera constructiva. Al hacerlo, no solo mejorarás tu salud mental y emocional, sino que también te abrirás a una vida más plena y satisfactoria, libre de las cadenas de la preocupación constante.

Alexa Murphy

La Ira y Su Transformación

La ira es una emoción poderosa y, a veces, difícil de manejar. Todos hemos experimentado ira en algún momento, ya sea por una injusticia percibida, un desacuerdo con alguien, o una frustración por no obtener lo que queremos. La ira, cuando se siente y se expresa de manera saludable, puede ser una emoción útil que nos motiva a cambiar las cosas que no nos gustan y a defender nuestros derechos. Sin embargo, cuando se vuelve descontrolada o mal gestionada, la ira puede causar conflictos, daño a nuestras relaciones, e incluso a nuestra propia salud. En este capítulo, exploraremos qué es la ira, cómo reconocerla y, lo más importante, cómo transformarla en una fuerza positiva en nuestra vida.

Primero, es importante entender qué es la ira y cómo se manifiesta. La ira es una respuesta emocional a una amenaza o a una percepción de injusticia. Cuando sentimos ira, nuestro cuerpo activa una serie de respuestas físicas, como el aumento del ritmo cardíaco, la tensión muscular y una mayor liberación de adrenalina. Esta respuesta es parte de nuestro sistema de "lucha o huida", que está diseñado para prepararnos para enfrentar o escapar de una amenaza. Aunque la ira puede ser una reacción natural y útil en algunas situaciones, su intensidad y su forma de expresión pueden variar considerablemente.

La ira puede surgir de diferentes fuentes. A veces, es el resultado de un evento o situación externa, como un conflicto con un compañero de trabajo o una injusticia en nuestro entorno. Otras veces, la ira puede ser el resultado de factores internos, como la frustración con nosotros mismos, el estrés acumulado, o una sensación de impotencia. Identificar la fuente de nuestra ira es un primer paso importante para entender cómo manejarla de manera efectiva.

Reconocer la ira puede ser más complicado de lo que parece. A menudo, la ira se enmascara detrás de otras emociones, como la tristeza, el miedo o la frustración. Por ejemplo, si alguien te critica, es posible que experimentes una mezcla de ira y tristeza, o que tu ira esté motivada por el miedo al rechazo. La clave para gestionar la ira de manera efectiva es ser consciente de cuándo la estamos sintiendo y de qué está realmente en juego.

Una vez que hayas reconocido que estás experimentando ira, es crucial manejarla de manera constructiva. Hay varias estrategias que puedes utilizar para transformar la ira en una emoción más positiva y productiva. La primera de estas estrategias es la autoobservación. Antes de reaccionar impulsivamente, tómate un momento para hacer una pausa y reflexionar sobre lo que estás sintiendo. Pregúntate a ti mismo: ¿Qué está provocando mi ira? ¿Es esta reacción proporcional a la situación? ¿Qué necesito para sentirme mejor?

La respiración profunda es una herramienta efectiva para calmar la ira. Cuando estamos enojados, nuestra respiración suele volverse rápida y superficial, lo que puede intensificar la sensación de ira. Practicar la respiración profunda puede ayudarte a reducir la tensión y a devolver el control a tu mente. Intenta inhalar lenta y profundamente por la nariz, sostén la respiración unos segundos, y luego exhala lentamente por la boca. Repite este proceso varias veces hasta que sientas que tu cuerpo se relaja y tu mente se aclara.

Otra técnica útil es la reestructuración cognitiva, que implica cambiar la forma en que piensas sobre la situación que te está provocando ira. A menudo, nuestra ira se basa en pensamientos distorsionados o exagerados, como creer que alguien te está atacando personalmente o que una situación es completamente injusta. Al desafiar estos pensamientos y buscar perspectivas alternativas, puedes reducir la intensidad de tu ira. Pregúntate: ¿Hay alguna otra forma de ver esta situación? ¿Estoy asumiendo lo peor sin tener toda la información? ¿Qué evidencia tengo para apoyar mis pensamientos actuales?

Hablar sobre tus sentimientos también puede ser una forma efectiva de manejar la ira. A veces, simplemente expresar lo que sientes de manera calmada y respetuosa puede ayudarte a liberar la tensión y a resolver el conflicto de manera constructiva.

Si sientes que alguien te ha hecho daño, intenta comunicar tus sentimientos de manera asertiva, sin atacar a la otra persona. Usa declaraciones en primera persona, como "Me siento frustrado cuando..." en lugar de "Siempre me haces esto...", para evitar que la conversación se vuelva confrontativa.

Además de estas estrategias, es importante considerar cómo la ira puede afectar tu salud a largo plazo. La ira crónica y no gestionada puede tener un impacto negativo en tu bienestar físico y emocional. Puede contribuir a problemas de salud, como hipertensión, enfermedades cardíacas, y trastornos digestivos. También puede afectar tus relaciones interpersonales y tu calidad de vida en general. Por lo tanto, es crucial encontrar formas saludables de expresar y gestionar la ira para evitar estos efectos negativos.

La transformación de la ira también puede implicar aprender a verla como una oportunidad para el crecimiento personal. La ira a menudo nos señala áreas de nuestra vida que necesitan atención o cambio. Si te encuentras regularmente enojado por ciertas situaciones, podría ser una señal de que hay algo más profundo que necesitas abordar. Reflexiona sobre qué te está diciendo tu ira sobre tus necesidades, valores o límites personales. Utiliza esta información para hacer cambios positivos en tu vida y para desarrollar una mayor comprensión de ti mismo.

Además, la práctica de la empatía puede ayudarte a transformar la ira en una fuerza más positiva. Tratar de entender la perspectiva de la otra persona, incluso si no estás de acuerdo con ella, puede reducir la intensidad de tu ira y fomentar una comunicación más efectiva. Pregúntate a ti mismo: ¿Por qué la otra persona podría estar actuando de esta manera? ¿Qué factores podrían estar influyendo en su comportamiento? La empatía no significa que tengas que aceptar comportamientos inapropiados, pero te permite abordar la situación desde un lugar de comprensión y no de confrontación.

A veces, canalizar la ira hacia actividades constructivas puede ser una forma poderosa de transformarla. Participar en actividades físicas, como hacer ejercicio o practicar deportes, puede ayudarte a liberar la energía acumulada de manera saludable. También puedes utilizar la ira como motivación para abordar problemas o injusticias que te preocupan. Si sientes una profunda frustración por algo, considera cómo podrías actuar para hacer una diferencia positiva en esa área. El activismo, la defensa de causas importantes, o simplemente trabajar en tus propios objetivos personales pueden ser formas efectivas de transformar la ira en acción constructiva.

Por último, es importante recordar que transformar la ira en una fuerza positiva no significa suprimirla o ignorarla. La ira es una emoción legítima y tiene su lugar en nuestra experiencia emocional. Lo que buscamos es aprender a manejarla de manera saludable y a utilizarla como una herramienta para el crecimiento y el cambio. La autoobservación, la respiración profunda, la reestructuración cognitiva, la comunicación asertiva, y la empatía son todas herramientas valiosas que pueden ayudarte a gestionar la ira de manera efectiva y a convertirla en una fuerza que te impulse hacia un mayor bienestar y satisfacción en tu vida.

En resumen, la ira es una emoción poderosa que puede tener un impacto significativo en nuestra vida. Reconocerla y gestionarla de manera efectiva es clave para mantener nuestras relaciones saludables y nuestra propia salud emocional. Al aprender a observar, comprender y transformar la ira, podemos convertirla en una fuerza que nos motive a hacer cambios positivos y a vivir de manera más equilibrada y satisfactoria. La ira no tiene que ser un enemigo; puede ser una aliada que, cuando se maneja bien, nos ayuda a crecer, a aprender y a vivir una vida más plena.

El Papel de la Tristeza en la Vida

La tristeza es una emoción profunda y compleja que todos experimentamos en algún momento de nuestras vidas. Aunque a menudo la vemos como algo negativo, la tristeza tiene un papel importante y valioso en nuestra vida emocional y psicológica. En este capítulo, exploraremos qué es la tristeza, por qué la sentimos, y cómo puede contribuir a nuestro crecimiento y bienestar general.

La tristeza, al igual que otras emociones, es una respuesta natural a eventos y situaciones que percibimos como dolorosos o decepcionantes. Puede surgir a raíz de la pérdida de algo o alguien importante, como la muerte de un ser querido, la ruptura de una relación, o el fracaso en alcanzar una meta. También puede aparecer en respuesta a situaciones menos concretas, como sentirse insatisfecho con la vida o experimentar una sensación general de vacío. Aunque la tristeza puede ser incómoda y desafiante, es una parte normal y necesaria de la experiencia humana.

Una de las razones por las que sentimos tristeza es porque nos ayuda a procesar y aceptar las pérdidas y las dificultades. Cuando experimentamos un duelo o una decepción, la tristeza nos da espacio para reflexionar sobre lo que ha sucedido y para ajustarnos a la nueva realidad. Nos permite sentir y expresar nuestras emociones, lo que es esencial para nuestro bienestar emocional. La tristeza también nos ayuda a comprender y valorar lo que hemos perdido, y a encontrar significado en nuestras experiencias. Sin la tristeza, sería difícil apreciar plenamente las alegrías y los logros que experimentamos.

Además, la tristeza puede desempeñar un papel importante en la conexión con los demás. Cuando compartimos nuestra tristeza con amigos o familiares, podemos encontrar apoyo y comprensión. Esta conexión emocional no solo nos ayuda a sentirnos menos solos, sino que también fortalece nuestras relaciones. A través de la vulnerabilidad y la apertura, podemos construir vínculos más profundos y auténticos con los demás. La tristeza, en este sentido, puede actuar como un puente para la empatía y el apoyo mutuo.

Aceptar la tristeza como una parte normal de la vida es crucial para manejarla de manera saludable. En lugar de intentar reprimir o evitar la tristeza, es importante permitirnos sentirla y expresarla. Esto no significa que debamos sumergirnos en un estado de desesperanza, sino que debemos permitirnos reconocer y experimentar la emoción sin juzgarnos. La tristeza, como cualquier emoción, es una señal de que algo importante está ocurriendo en nuestra vida. Al escuchar y atender esta señal, podemos aprender más sobre nosotros mismos y nuestras necesidades.

Cuando estamos tristes, es común querer distraernos o escapar de la emoción. Sin embargo, enfrentar la tristeza puede ser más beneficioso a largo plazo. Trata de encontrar tiempo para reflexionar sobre lo que estás sintiendo. Pregúntate a ti mismo: ¿Qué ha causado mi tristeza? ¿Qué necesito para sentirme mejor? A veces, simplemente escribir sobre tus sentimientos o hablar con alguien en quien confíes puede ayudarte a procesar la tristeza y a encontrar una salida. También puedes explorar actividades que te brinden consuelo o te ayuden a relajarte, como leer un libro, escuchar música, o pasar tiempo en la naturaleza.

Es importante recordar que la tristeza no tiene por qué ser permanente. Aunque puede ser una emoción intensa, con el tiempo y el cuidado, la tristeza puede disminuir y dar paso a una mayor aceptación y resiliencia. La tristeza puede enseñarnos mucho sobre nuestra capacidad para superar desafíos y para adaptarnos a nuevas situaciones. A medida que avanzamos a través de la tristeza, podemos descubrir fortalezas internas y una mayor comprensión de nosotros mismos.

Además, la tristeza puede ser una oportunidad para el crecimiento personal. Cuando enfrentamos y superamos momentos difíciles, a menudo desarrollamos una mayor resiliencia y una mejor capacidad para manejar el estrés en el futuro. La tristeza puede ayudarnos a apreciar lo que tenemos, a valorar nuestras relaciones, y a aprender de nuestras experiencias. En lugar de ver la tristeza como una barrera, podemos considerarla como una oportunidad para el crecimiento y el desarrollo personal.

En algunos casos, la tristeza puede convertirse en un problema si se vuelve abrumadora o persistente. Si te encuentras atrapado en un estado de tristeza profunda durante un período prolongado, es posible que estés experimentando depresión. La depresión es una condición seria que puede requerir ayuda profesional. Si sientes que tu tristeza está interfiriendo significativamente con tu vida diaria, busca el apoyo de un terapeuta o consejero. Ellos pueden ofrecerte herramientas y estrategias para manejar la tristeza y ayudarte a encontrar un camino hacia el bienestar.

En resumen, la tristeza es una emoción importante y natural que juega un papel crucial en nuestra vida emocional. Aunque puede ser dolorosa y desafiante, la tristeza nos ayuda a procesar las pérdidas, a conectar con los demás, y a encontrar significado en nuestras experiencias. Aceptar la tristeza como una parte normal de la vida y aprender a manejarla de manera saludable puede conducir a un mayor crecimiento personal y a una mayor resiliencia. En lugar de temer o evitar la tristeza, podemos aprender a verla como una oportunidad para aprender más sobre nosotros mismos y para fortalecer nuestra capacidad para enfrentar los desafíos de la vida.

El Impacto de la Alegría y la Gratitud

La alegría y la gratitud son dos emociones que, a menudo, pasan desapercibidas en nuestra vida cotidiana, pero que tienen un impacto profundo y positivo en nuestro bienestar general. Mientras que la alegría nos eleva y nos da una sensación de felicidad y satisfacción, la gratitud nos ayuda a apreciar y reconocer las cosas buenas en nuestras vidas. Juntas, estas emociones pueden transformar nuestra perspectiva, mejorar nuestras relaciones y enriquecer nuestra experiencia diaria. En este capítulo, exploraremos el impacto de la alegría y la gratitud, y cómo podemos fomentar estas emociones para llevar una vida más plena y satisfactoria.

La alegría es una emoción que experimentamos cuando algo nos hace sentir bien o cuando alcanzamos algo que deseamos. Puede surgir de momentos simples, como disfrutar de una comida deliciosa, compartir una risa con amigos, o ver a un ser querido lograr algo importante. La alegría también puede derivarse de logros personales, como alcanzar una meta, recibir un reconocimiento, o experimentar un éxito en alguna área de nuestra vida. Cuando sentimos alegría, nuestro cuerpo libera endorfinas y otras sustancias químicas que nos hacen sentir bien, lo que a su vez mejora nuestro estado de ánimo y nuestra salud general.

La alegría tiene un impacto positivo en nuestra salud física y mental. Investigaciones han demostrado que experimentar alegría regularmente puede fortalecer nuestro sistema inmunológico, reducir el estrés, y mejorar nuestra capacidad para manejar el dolor. Además, la alegría puede aumentar nuestra resiliencia, ayudándonos a enfrentar los desafíos de la vida con una actitud más positiva y optimista. Cuando estamos alegres, también somos más propensos a disfrutar de nuestras actividades diarias, a ser más productivos, y a establecer conexiones más profundas con los demás.

Por otro lado, la gratitud es la emoción que sentimos cuando reconocemos y apreciamos las cosas buenas que tenemos en nuestras vidas. Puede ser una simple expresión de agradecimiento por un favor recibido, una reflexión sobre los aspectos positivos de nuestra vida, o un reconocimiento de los pequeños momentos de felicidad. La gratitud nos ayuda a enfocarnos en lo que tenemos en lugar de lo que nos falta, y nos enseña a valorar y apreciar nuestras experiencias y relaciones.

La gratitud tiene un impacto significativo en nuestra salud mental y emocional. Cuando practicamos la gratitud regularmente, podemos experimentar un aumento en nuestra satisfacción con la vida, una reducción en los niveles de estrés, y una mayor sensación de bienestar general. La gratitud también puede mejorar nuestras relaciones interpersonales, ya que nos ayuda a expresar aprecio y reconocimiento hacia los demás. Al mostrar gratitud, fortalecemos nuestros lazos sociales y fomentamos un entorno de apoyo y conexión.

Una de las formas más efectivas de cultivar la alegría y la gratitud es a través de prácticas diarias que nos ayuden a enfocarnos en lo positivo. Una técnica simple pero poderosa es llevar un diario de gratitud.

Dedica unos minutos cada día a escribir tres cosas por las que estás agradecido. Pueden ser cosas grandes, como una promoción en el trabajo, o cosas pequeñas, como un gesto amable de un amigo. Este ejercicio te ayuda a entrenar tu mente para enfocarse en lo positivo y a apreciar las bendiciones de tu vida.

Otro enfoque para fomentar la alegría y la gratitud es practicar la atención plena o mindfulness. La atención plena te invita a estar presente en el momento actual y a observar tus pensamientos y emociones sin juzgarlos. Al practicar la atención plena, puedes aprender a apreciar los pequeños momentos de felicidad y a reconocer las cosas por las que estás agradecido en el presente. La meditación de gratitud es una forma específica de atención plena que te permite enfocar tu mente en las cosas buenas de tu vida y experimentar una mayor sensación de bienestar.

Además, compartir la alegría y la gratitud con los demás puede amplificar sus beneficios. Cuando expresamos agradecimiento a alguien, no solo fortalecemos nuestra relación con esa persona, sino que también fomentamos un ambiente de apoyo y conexión. Tómate el tiempo para agradecer a las personas que han tenido un impacto positivo en tu vida, ya sea a través de una nota escrita, una llamada telefónica, o un simple "gracias". Este acto de reconocimiento no solo hará que la otra persona se sienta valorada, sino que también aumentará tu propia sensación de gratitud y alegría.

La alegría y la gratitud también pueden ser cultivadas a través de actividades que nos hagan sentir bien. Participar en actividades que disfrutamos, ya sea hacer ejercicio, practicar un hobby, o pasar tiempo con seres queridos, puede aumentar nuestra sensación de alegría. Asimismo, involucrarse en actividades que beneficien a los demás, como el voluntariado o el apoyo a una causa importante, puede reforzar nuestra gratitud y darnos una mayor sensación de propósito.

Es importante recordar que la alegría y la gratitud no significan ignorar o minimizar los desafíos y dificultades de la vida. Todos enfrentamos momentos difíciles, y es natural experimentar emociones como la tristeza y el estrés. Sin embargo, al cultivar la alegría y la gratitud, podemos equilibrar nuestras emociones y encontrar un sentido de esperanza y apreciación, incluso en medio de las dificultades. La clave está en encontrar el equilibrio entre reconocer y aceptar nuestras emociones difíciles y enfocarnos en las cosas positivas que nos brindan felicidad y satisfacción.

En resumen, la alegría y la gratitud son emociones poderosas que tienen un impacto profundo en nuestra vida. La alegría nos eleva y nos hace sentir bien, mientras que la gratitud nos ayuda a apreciar y valorar las cosas buenas que tenemos. Al practicar la gratitud y buscar la alegría en nuestras vidas, podemos mejorar nuestra salud física y mental, fortalecer nuestras relaciones, y vivir de manera más plena y satisfactoria. Cultivar estas emociones no solo enriquece nuestra experiencia diaria, sino que también nos ayuda a enfrentar los desafíos de la vida con una perspectiva más positiva y esperanzadora.

Relaciones Interpersonales y Autoconocimiento

Las relaciones interpersonales son una parte fundamental de nuestra vida. Desde nuestras familias y amigos hasta compañeros de trabajo y conocidos, las personas con las que interactuamos diariamente influyen en nuestra felicidad, bienestar y desarrollo personal. Al mismo tiempo, el autoconocimiento juega un papel crucial en cómo manejamos estas relaciones y en cómo nos entendemos a nosotros mismos. En este capítulo, exploraremos cómo el autoconocimiento puede mejorar nuestras relaciones interpersonales y por qué es esencial para construir vínculos saludables y satisfactorios con los demás.

El autoconocimiento es la capacidad de entender nuestras propias emociones, pensamientos y comportamientos. Conocer nuestras fortalezas y debilidades, nuestras preferencias y aversiones, y nuestras motivaciones más profundas nos permite tener una mejor comprensión de quiénes somos. Este conocimiento nos ayuda a reconocer cómo nuestras propias características afectan nuestras interacciones con los demás y cómo podemos mejorar nuestras relaciones.

Cuando estamos conscientes de nuestras emociones y necesidades, somos más capaces de comunicarnos de manera efectiva. La comunicación es la base de cualquier relación exitosa, y ser consciente de cómo nos sentimos y por qué, nos permite expresar nuestras ideas y sentimientos de manera clara y respetuosa. Por ejemplo, si estás molesto por algo que alguien ha hecho, el autoconocimiento te ayuda a identificar la causa exacta de tu malestar y a comunicarlo de manera que la otra persona pueda entender y abordar el problema sin sentirse atacada. Esta claridad en la comunicación evita malentendidos y conflictos innecesarios.

Además, el autoconocimiento nos ayuda a reconocer y manejar nuestras propias reacciones emocionales. Cuando entendemos por qué reaccionamos de cierta manera en diferentes situaciones, podemos aprender a controlar nuestras respuestas y a responder de manera más equilibrada. Por ejemplo, si sabes que tiendes a sentirte inseguro en situaciones sociales, puedes prepararte mentalmente para manejar esas emociones de una manera que no afecte tus interacciones con los demás. Esta autocomprensión nos permite mantener la calma y actuar de manera más consciente, lo que a su vez mejora nuestras relaciones.

El autoconocimiento también nos ayuda a establecer límites saludables en nuestras relaciones. Saber lo que necesitamos y lo que estamos dispuestos a aceptar es crucial para mantener relaciones equilibradas y respetuosas. Si tienes claro qué comportamientos te resultan incómodos o inaceptables, puedes comunicar esos límites de manera abierta y honesta. Esto no solo te protege a ti mismo, sino que también ayuda a los demás a entender tus expectativas y a respetar tus deseos. Establecer límites saludables contribuye a relaciones más equilibradas y menos propensas a conflictos.

Por otro lado, las relaciones interpersonales también nos ofrecen una oportunidad para aprender más sobre nosotros mismos. Las interacciones con los demás a menudo reflejan aspectos de nuestra propia personalidad que quizás no habíamos notado antes. Por ejemplo, si te encuentras constantemente frustrado por la falta de compromiso de otros, esto podría indicarte que valoras mucho la responsabilidad y el compromiso en ti mismo. Reflexionar sobre estas experiencias puede proporcionarte una visión más profunda de tus propias prioridades y valores.

Otra forma en que el autoconocimiento mejora nuestras relaciones es a través de la empatía. Cuando somos conscientes de nuestras propias emociones y experiencias, es más fácil entender y conectar con las emociones de los demás. La empatía nos permite ver las cosas desde la perspectiva de la otra persona y responder de manera comprensiva. Esta capacidad para conectar emocionalmente fortalece nuestras relaciones y fomenta una comunicación más efectiva. Al entender nuestros propios sentimientos, somos más capaces de reconocer y validar los sentimientos de los demás, lo que crea un ambiente de apoyo y comprensión mutua.

El autoconocimiento también nos ayuda a elegir relaciones que sean saludables y satisfactorias. Cuando sabemos lo que realmente queremos en una relación y lo que necesitamos para ser feliz, podemos tomar decisiones más informadas sobre a quién acercarnos y con quién formar vínculos. Esto significa que es más probable que busquemos personas que compartan nuestros valores y metas, y que evitemos relaciones que no nos beneficien o que sean tóxicas.

Además, ser consciente de nuestras propias fortalezas y debilidades nos permite ser más honestos con nosotros mismos y con los demás. La honestidad es un componente clave de las relaciones saludables. Cuando somos sinceros acerca de nuestras limitaciones y habilidades, podemos construir relaciones basadas en la confianza y el respeto mutuo. La autenticidad en nuestras interacciones también nos ayuda a formar conexiones más genuinas y duraderas.

El autoconocimiento también nos permite manejar mejor los conflictos en nuestras relaciones. Al comprender nuestras propias reacciones y puntos de vista, podemos abordar los desacuerdos de manera más constructiva. En lugar de reaccionar impulsivamente o tomar las cosas personalmente, podemos usar nuestro conocimiento de nosotros mismos para abordar los problemas con una mente abierta y una actitud de resolución. Esto facilita la resolución de conflictos de manera que fortalece la relación en lugar de debilitarla.

Por último, el autoconocimiento nos ayuda a crecer y a evolucionar dentro de nuestras relaciones. A medida que cambiamos y desarrollamos, es importante que nuestras relaciones también se adapten. El autoconocimiento nos permite reconocer cuándo necesitamos hacer ajustes en nuestras interacciones y cuándo es el momento de avanzar en nuevas direcciones.

Esto asegura que nuestras relaciones continúen siendo significativas y satisfactorias a lo largo del tiempo.

En resumen, el autoconocimiento y las relaciones interpersonales están profundamente interconectados. Comprendernos a nosotros mismos nos permite comunicarnos de manera más efectiva, manejar nuestras emociones, establecer límites saludables, y conectar empatía con los demás. Al mismo tiempo, nuestras relaciones nos ofrecen una valiosa oportunidad para aprender más sobre nosotros mismos y para crecer como personas. Cultivar el autoconocimiento no solo mejora nuestra capacidad para mantener relaciones saludables, sino que también enriquece nuestra vida en general, haciéndola más plena y satisfactoria.

El Equilibrio Emocional en la Vida Cotidiana

Mantener un equilibrio emocional en la vida cotidiana es fundamental para nuestro bienestar y felicidad general. La vida está llena de altibajos, y todos enfrentamos desafíos, estrés y momentos de alegría. El equilibrio emocional no significa que debamos estar felices todo el tiempo o que nunca debamos experimentar emociones negativas. Más bien, se trata de encontrar una forma de manejar nuestras emociones de manera que nos permita mantener una estabilidad interna y afrontar las demandas diarias con eficacia.

Primero, es importante entender qué es el equilibrio emocional. Se refiere a la capacidad de mantener una estabilidad en nuestras emociones a pesar de las circunstancias externas. Esto significa que, aunque podamos experimentar emociones intensas como la tristeza, la ira, o la ansiedad, no permitimos que estas emociones dominen nuestra vida o nos impidan funcionar de manera efectiva. El equilibrio emocional nos ayuda a responder de manera adecuada a las situaciones, en lugar de reaccionar impulsivamente.

Uno de los primeros pasos para lograr el equilibrio emocional es reconocer y aceptar nuestras emociones. En lugar de ignorar o reprimir lo que sentimos, debemos permitirnos experimentar nuestras emociones plenamente. Cada emoción, ya sea positiva o negativa, tiene un propósito y una función. La tristeza puede indicarnos que necesitamos tiempo para sanar o reflexionar, mientras que la ira puede señalarnos que hay un problema que necesita ser abordado. Al aceptar nuestras emociones, les damos el espacio para ser procesadas y comprendidas, lo que nos ayuda a mantener un equilibrio interno.

Otra estrategia importante para el equilibrio emocional es desarrollar habilidades de manejo del estrés. El estrés es una parte inevitable de la vida, pero aprender a manejarlo de manera efectiva puede prevenir que nos abrume. Técnicas como la meditación, el ejercicio regular, y la práctica de la respiración profunda pueden ayudarnos a reducir el estrés y a mantener una perspectiva equilibrada. Además, es útil establecer rutinas diarias que incluyan tiempo para el autocuidado y la relajación. Esto no solo ayuda a reducir el estrés, sino que también nos permite recargar nuestras energías y mantener nuestro bienestar general.

El autocuidado es una pieza clave del equilibrio emocional. Esto incluye cuidar de nuestro cuerpo y mente a través de hábitos saludables como una dieta equilibrada, suficiente descanso, y ejercicio regular. El autocuidado también implica tomarse el tiempo para hacer cosas que disfrutamos y que nos brindan satisfacción personal. Al priorizar el autocuidado, no solo mejoramos nuestra salud física, sino que también fortalecemos nuestra resiliencia emocional y nuestra capacidad para manejar los desafíos diarios.

Es igualmente importante establecer y mantener relaciones saludables. Las conexiones sociales positivas nos proporcionan apoyo emocional y nos ayudan a sentirnos comprendidos y aceptados. Rodéate de personas que te apoyen y te animen, y que te ayuden a mantener una perspectiva equilibrada. A veces, hablar con amigos o familiares sobre nuestras preocupaciones puede brindarnos una nueva perspectiva y ayudarnos a procesar nuestras emociones de manera más efectiva.

El equilibrio emocional también se logra a través de la práctica de la autorreflexión. Dedicar tiempo a reflexionar sobre nuestras emociones, comportamientos y experiencias puede proporcionarnos una mayor comprensión de nosotros mismos y de nuestras reacciones. Esta reflexión nos permite identificar patrones emocionales y áreas en las que podríamos necesitar hacer cambios. La autorreflexión también nos ayuda a reconocer nuestras fortalezas y debilidades, y a tomar medidas para mejorar nuestra salud emocional.

El establecimiento de metas realistas y alcanzables también es fundamental para el equilibrio emocional. Cuando tenemos objetivos claros y alcanzables, podemos mantenernos enfocados y motivados, lo que nos proporciona un sentido de propósito y dirección. Sin embargo, es importante que estas metas sean realistas y que no nos pongamos una presión excesiva para lograrlas. La flexibilidad en nuestras expectativas y la aceptación de que no siempre podemos controlar todo es clave para mantener un equilibrio emocional saludable.

Además, aprender a gestionar nuestras expectativas es crucial para el equilibrio emocional. A menudo, nuestras emociones se ven afectadas por nuestras expectativas de cómo deberían ser las cosas. Si nuestras expectativas son demasiado altas o poco realistas, podemos sentirnos frustrados o decepcionados cuando las cosas no salen como esperábamos. Practicar la aceptación y ajustar nuestras expectativas en función de la realidad nos ayuda a mantener una perspectiva equilibrada y a manejar nuestras emociones de manera más efectiva.

La capacidad de adaptarse a los cambios también juega un papel importante en el equilibrio emocional. La vida está llena de cambios y sorpresas, y nuestra capacidad para adaptarnos a estas variaciones puede influir en nuestra estabilidad emocional. Aprender a aceptar el cambio como una parte natural de la vida, en lugar de resistirse a él, nos ayuda a manejar mejor las transiciones y a mantener nuestra calma en situaciones inciertas.

Finalmente, es fundamental recordar que el equilibrio emocional es un proceso continuo y dinámico. No es algo que se logra una vez y se mantiene sin esfuerzo. Requiere atención y cuidado constantes. Estar en sintonía con nuestras emociones y necesidades, y hacer ajustes cuando sea necesario, nos permite mantener nuestro equilibrio emocional a lo largo del tiempo. Aceptar que habrá momentos en los que nos sentiremos desequilibrados y que está bien buscar ayuda cuando lo necesitemos, también es parte de mantener una estabilidad emocional saludable.

En resumen, el equilibrio emocional en la vida cotidiana es esencial para nuestro bienestar y felicidad. Reconocer y aceptar nuestras emociones, manejar el estrés, practicar el autocuidado, mantener relaciones saludables, reflexionar sobre nosotros mismos, establecer metas realistas, gestionar expectativas, y adaptarse a los cambios son aspectos clave para lograr y mantener este equilibrio. Al aplicar estas estrategias y mantener una actitud flexible y atenta hacia nuestras emociones, podemos enfrentar los desafíos de la vida de manera más equilibrada y satisfactoria.

La Importancia de la Vulnerabilidad

La vulnerabilidad es una palabra que muchas veces nos causa temor. La mayoría de nosotros crecemos con la idea de que ser vulnerable es ser débil, que mostrar nuestras emociones, nuestros miedos y nuestras inseguridades nos pone en una posición de desventaja. Sin embargo, la realidad es que la vulnerabilidad es una parte esencial de lo que significa ser humano. Lejos de ser una debilidad, la vulnerabilidad es una fuente de fortaleza, conexión y crecimiento personal. En este capítulo, exploraremos la importancia de la vulnerabilidad y cómo abrazarla puede llevarnos a una vida más auténtica y plena.

Para empezar, es importante entender qué significa ser vulnerable. La vulnerabilidad se refiere a la capacidad de mostrarnos tal como somos, sin máscaras ni barreras, aceptando nuestras emociones, inseguridades y miedos. Es permitirnos ser vistos y conocidos de manera auténtica, incluso en aquellos aspectos de nosotros mismos que preferiríamos ocultar. Ser vulnerable significa abrirnos a la posibilidad de ser heridos, rechazados o juzgados, pero también significa abrirnos a la posibilidad de ser amados, aceptados y comprendidos de una manera profunda y verdadera.

Una de las razones por las que la vulnerabilidad es tan importante es porque es la base de las relaciones humanas genuinas. Cuando nos mostramos vulnerables, permitimos que los demás vean quiénes somos realmente. Esta apertura crea un espacio de confianza y conexión en el que las relaciones pueden florecer. Sin vulnerabilidad, las relaciones se vuelven superficiales y carecen de la profundidad necesaria para el verdadero entendimiento y apoyo mutuo. En cambio, cuando somos capaces de compartir nuestras emociones y pensamientos más íntimos, creamos la oportunidad de establecer vínculos profundos y significativos con los demás.

La vulnerabilidad también es fundamental para el crecimiento personal. Todos enfrentamos desafíos en la vida, y es a través de la vulnerabilidad que podemos aprender de ellos y crecer. Cuando admitimos que estamos luchando, que no tenemos todas las respuestas o que cometimos un error, nos permitimos aprender y evolucionar. La vulnerabilidad nos da el coraje de enfrentar nuestras debilidades y trabajar en ellas, en lugar de esconderlas o ignorarlas. Este proceso de aceptación y mejora continua es lo que nos permite convertirnos en personas más fuertes y resilientes.

Es importante destacar que ser vulnerable no significa ser indefenso o permitir que otros nos hagan daño. La vulnerabilidad implica un acto consciente de mostrarnos tal como somos, pero también incluye el discernimiento necesario para protegernos en situaciones donde nuestra apertura podría ser malinterpretada o utilizada en nuestra contra. Es un equilibrio entre mostrar nuestras emociones y cuidarnos a nosotros mismos, un acto de valentía que nos permite ser auténticos sin perder de vista nuestra seguridad emocional.

La vulnerabilidad también está relacionada con la autenticidad. Ser auténtico significa vivir de acuerdo con nuestros valores, principios y emociones, en lugar de tratar de cumplir con las expectativas de los demás o esconder quiénes somos realmente. La autenticidad nos libera de la necesidad de pretender o actuar de una manera que no es coherente con nuestra verdadera identidad. Cuando abrazamos nuestra vulnerabilidad, nos damos permiso para ser auténticos, para vivir de una manera que es fiel a nosotros mismos, lo que a su vez nos trae una mayor paz interior y satisfacción personal.

En el contexto de la vida diaria, la vulnerabilidad puede manifestarse de muchas maneras. Puede ser algo tan simple como admitir que no sabemos algo o que necesitamos ayuda. Puede ser compartir un sueño o una ambición personal, incluso si tememos ser juzgados por ello. Puede ser pedir perdón cuando hemos cometido un error o expresar nuestros sentimientos cuando algo nos ha herido. Cada una de estas acciones requiere un grado de vulnerabilidad, y cada una nos acerca más a vivir de una manera más plena y auténtica.

A menudo, la razón por la que evitamos la vulnerabilidad es por miedo al rechazo o al juicio. Tememos que si mostramos quiénes somos realmente, los demás nos verán como débiles o inadecuados. Sin embargo, la verdad es que la vulnerabilidad es lo que nos hace humanos y lo que nos permite conectar con los demás a un nivel profundo. Todos enfrentamos miedos, inseguridades y luchas, y cuando somos capaces de compartir estas experiencias, nos damos cuenta de que no estamos solos. Este reconocimiento mutuo es lo que fomenta la empatía y el apoyo entre las personas.

La vulnerabilidad también juega un papel clave en la creatividad y la innovación. Cuando nos permitimos ser vulnerables, abrimos la puerta a nuevas ideas, a la experimentación y al riesgo. La creatividad requiere que estemos dispuestos a fracasar, a intentar cosas nuevas y a salir de nuestra zona de confort. Sin vulnerabilidad, nos quedamos atrapados en la seguridad de lo conocido, evitando cualquier cosa que pueda ponernos en una posición de incertidumbre. Sin embargo, es precisamente en esos momentos de incertidumbre donde la magia de la creatividad y la innovación puede florecer.

En el ámbito profesional, la vulnerabilidad puede ser vista como una fortaleza, especialmente en roles de liderazgo. Los líderes que son capaces de mostrarse vulnerables, que admiten cuando no tienen todas las respuestas y que están dispuestos a escuchar y aprender de los demás, son más efectivos en crear equipos cohesionados y motivados. La vulnerabilidad en el liderazgo fomenta un ambiente de confianza y colaboración, donde los miembros del equipo se sienten valorados y seguros para compartir sus ideas y preocupaciones. Este tipo de liderazgo no solo fortalece la moral del equipo, sino que también conduce a mejores resultados organizacionales.

Finalmente, es importante reconocer que la vulnerabilidad es un proceso continuo. No es algo que se logra de una vez y se mantiene sin esfuerzo. Requiere práctica constante, reflexión y la disposición para seguir mostrando nuestras emociones y ser auténticos, incluso cuando es difícil. Aceptar y practicar la vulnerabilidad puede ser desafiante, pero los beneficios que trae a nuestras vidas son inmensos. Nos permite vivir con más honestidad, profundizar nuestras relaciones y crecer como personas.

En resumen, la vulnerabilidad es un aspecto esencial de la vida humana que, lejos de ser una debilidad, es una fuente de fortaleza, conexión y crecimiento. Al mostrarnos vulnerables, permitimos que los demás vean quiénes somos realmente, lo que fortalece nuestras relaciones y nos acerca a una vida más auténtica. La vulnerabilidad también nos permite aprender de nuestros desafíos, ser creativos, y liderar de manera efectiva. Al abrazar nuestra vulnerabilidad, nos abrimos a una vida más plena, rica en experiencias y conexiones significativas.

Alexa Murphy

La Autocompasión como Herramienta de Sanación

La autocompasión es una herramienta poderosa de sanación que muchas veces pasamos por alto en nuestra vida diaria. En un mundo donde se valora tanto la autoexigencia y el perfeccionismo, es fácil caer en la trampa de ser demasiado duros con nosotros mismos. Nos castigamos por nuestros errores, nos criticamos por nuestras debilidades, y a menudo nos tratamos de una manera que nunca soñaríamos tratar a un ser querido. Sin embargo, la autocompasión nos ofrece una alternativa a este ciclo de autocrítica y dolor. Es una forma de ser amable con nosotros mismos, de reconocernos como seres humanos imperfectos que merecen amor y comprensión, especialmente en los momentos difíciles.

Para entender la autocompasión, es útil comenzar con lo que no es. La autocompasión no es autocomplacencia ni justificación para evitar la responsabilidad. No se trata de ignorar nuestros errores o debilidades, sino de abordarlos con una actitud de comprensión y apoyo hacia nosotros mismos. En lugar de juzgarnos severamente, la autocompasión nos invita a responder a nuestros propios sufrimientos con la misma bondad y cuidado que ofreceríamos a un amigo que esté pasando por un mal momento.

En su esencia, la autocompasión implica tres componentes clave: la amabilidad hacia uno mismo, el reconocimiento de nuestra humanidad compartida y la atención plena. La amabilidad hacia uno mismo significa tratarnos con ternura y cuidado, especialmente cuando fallamos o sufrimos. En lugar de castigarnos por nuestros errores, nos permitimos sentir el dolor sin añadirle una capa extra de autocrítica. Es un acto de darse permiso para ser humano, para ser imperfecto, y para cometer errores sin perder nuestra propia autoestima.

El segundo componente de la autocompasión es el reconocimiento de nuestra humanidad compartida. Esto significa que todos, sin excepción, experimentamos dificultades, sufrimiento y fallos en algún momento de nuestras vidas. No estamos solos en nuestras luchas. Este reconocimiento nos ayuda a poner en perspectiva nuestras experiencias y a sentirnos conectados con los demás. Nos permite ver que el sufrimiento es una parte natural de la vida humana, y que no somos los únicos que enfrentan desafíos. Este entendimiento puede aliviar el sentimiento de aislamiento que a menudo acompaña al dolor y nos brinda consuelo en la idea de que no estamos solos en nuestro sufrimiento.

El tercer componente es la atención plena, que se refiere a la capacidad de estar presentes con nuestras emociones y experiencias tal como son, sin intentar evitarlas o exagerarlas. La atención plena nos ayuda a reconocer nuestros sentimientos y pensamientos con claridad, sin quedar atrapados en ellos ni dejarnos llevar por la autocrítica. Es un estado de aceptación que nos permite experimentar nuestras emociones sin juzgarlas, y nos ayuda a ver la situación tal como es, en lugar de exagerarla o minimizarla.

Cuando practicamos la autocompasión, creamos un espacio interno de sanación donde podemos procesar nuestras emociones y experiencias de manera saludable. Este espacio nos permite abordar nuestras dificultades sin quedar atrapados en el ciclo de autocrítica y culpa. La autocompasión nos ofrece una manera de enfrentar el sufrimiento con dignidad y gracia, y de encontrar la fortaleza necesaria para sanar y avanzar.

Uno de los grandes beneficios de la autocompasión es que nos ayuda a reducir el estrés y la ansiedad. Cuando nos enfrentamos a situaciones difíciles, nuestra reacción instintiva a menudo es preocuparnos, culparnos o criticarnos. Estas reacciones solo aumentan nuestra ansiedad y nos hacen sentir peor. Sin embargo, cuando respondemos a nosotros mismos con autocompasión, podemos calmar nuestro sistema nervioso y reducir la intensidad de nuestras emociones negativas. Nos permitimos sentir lo que estamos sintiendo, pero desde un lugar de calma y aceptación, en lugar de resistencia y lucha.

La autocompasión también mejora nuestras relaciones con los demás. Cuando somos amables con nosotros mismos, somos más capaces de ser amables y comprensivos con los demás. La autocompasión nos enseña a ser más tolerantes y pacientes, tanto con nosotros mismos como con los demás. Nos ayuda a evitar el perfeccionismo en nuestras relaciones, permitiendo que tanto nosotros como quienes nos rodean seamos humanos, con todas nuestras imperfecciones. Además, cuando dejamos de ser tan duros con nosotros mismos, es más fácil perdonar y aceptar a los demás por lo que son.

Otro aspecto importante de la autocompasión es que nos permite ser más resilientes frente a los desafíos. La vida está llena de altibajos, y todos enfrentamos momentos de dificultad. La autocompasión nos da la fortaleza emocional para sobrellevar estos momentos difíciles sin derrumbarnos. Al tratarnos con bondad y comprensión, nos permitimos procesar y sanar, en lugar de quedar atrapados en un ciclo de autocrítica que solo prolonga el dolor. La autocompasión nos ayuda a levantarnos después de una caída y a seguir adelante con más confianza y esperanza.

Además, la autocompasión es fundamental para la autoaceptación. Todos tenemos defectos, debilidades y partes de nosotros mismos que no nos gustan. La autocompasión nos ayuda a aceptar estas partes de nosotros mismos, no desde un lugar de resignación, sino desde un lugar de amor y comprensión. Al aceptarnos tal como somos, con todas nuestras imperfecciones, podemos comenzar a trabajar en nosotros mismos desde un lugar de autoaceptación en lugar de autoaversión. Esta aceptación es clave para la sanación emocional y para desarrollar una autoestima saludable.

Es importante recordar que la autocompasión es una práctica, no un estado permanente. No siempre es fácil ser amable con uno mismo, especialmente cuando estamos acostumbrados a la autocrítica. Sin embargo, con la práctica continua, podemos desarrollar la habilidad de tratarnos con más bondad y comprensión. La autocompasión no es algo que se aprende de la noche a la mañana, pero cada pequeño esfuerzo que hacemos para ser más amables con nosotros mismos nos acerca a una vida más equilibrada y satisfactoria.

En la práctica diaria, la autocompasión puede incluir pequeñas acciones como darnos un respiro cuando estamos estresados, hablarnos a nosotros mismos con palabras amables cuando cometemos un error, o simplemente tomarnos un momento para reconocer y aceptar cómo nos sentimos. Estas pequeñas acciones, cuando se practican con regularidad, pueden tener un gran impacto en nuestra salud emocional y bienestar general.

Para muchas personas, aprender a ser autocompasivas requiere desaprender años de hábitos de autocrítica. Puede ser útil recordar que la autocompasión no es indulgencia, sino una forma de cuidado personal que nos fortalece y nos permite enfrentar la vida con más resiliencia y equilibrio. La autocompasión nos brinda una base sólida desde la cual podemos sanar, crecer y prosperar.

En resumen, la autocompasión es una herramienta poderosa de sanación que nos ayuda a reducir el estrés, mejorar nuestras relaciones, desarrollar resiliencia, y aceptarnos tal como somos. Al practicar la amabilidad hacia nosotros mismos, reconocer nuestra humanidad compartida y cultivar la atención plena, podemos crear un espacio interno de sanación que nos permite enfrentar los desafíos de la vida con más fortaleza y gracia. La autocompasión nos ofrece una manera de vivir más auténtica y plena, donde el amor y la comprensión hacia nosotros mismos son la base de nuestro bienestar emocional.

Construyendo una Identidad Auténtica

Construir una identidad auténtica es uno de los desafíos más profundos y significativos que enfrentamos en la vida. A lo largo de nuestra existencia, estamos constantemente influenciados por las expectativas de los demás, las normas sociales, y las experiencias que vivimos. Sin embargo, en medio de todas estas influencias externas, es fundamental encontrar y mantener una conexión con nuestro verdadero ser, con esa parte de nosotros que no está definida por lo que los demás piensan o esperan, sino por lo que realmente somos en lo más profundo de nuestro ser.

Para muchas personas, la idea de una identidad auténtica puede parecer abstracta o difícil de alcanzar. Vivimos en un mundo donde las apariencias, las etiquetas y los roles que asumimos en la sociedad a menudo nos alejan de nuestra verdadera esencia. Es fácil perderse en las expectativas de quienes nos rodean, en las demandas del trabajo, la familia, o la sociedad en general. Pero la autenticidad no se trata de cumplir con lo que los demás esperan de nosotros; se trata de ser fieles a quienes somos realmente, a nuestras creencias, valores y emociones más profundos.

El primer paso para construir una identidad auténtica es la autoexploración. Esto implica tomarse el tiempo para reflexionar sobre quiénes somos realmente, más allá de las etiquetas que nos han puesto o que hemos adoptado a lo largo del tiempo. Preguntarnos qué es lo que realmente nos importa, qué valores son los que guían nuestras decisiones, y qué nos hace sentirnos plenos y realizados. Este proceso de autoexploración puede ser incómodo al principio, ya que puede revelarnos aspectos de nosotros mismos que hemos estado ignorando o reprimiendo. Sin embargo, es un paso crucial para conocernos a nosotros mismos y empezar a vivir de una manera que esté alineada con nuestra verdadera identidad.

Es importante recordar que nuestra identidad auténtica no es algo fijo o inmutable. A lo largo de nuestras vidas, vamos evolucionando y cambiando, y nuestra identidad puede y debe reflejar esos cambios. La autenticidad no significa aferrarse a una versión rígida de nosotros mismos, sino ser flexibles y estar abiertos a la evolución personal. Esto implica estar dispuestos a cuestionar nuestras creencias y valores cuando es necesario, y a adaptarnos a las nuevas circunstancias de la vida sin perder nuestra esencia. La autenticidad se trata de ser fieles a nosotros mismos en el momento presente, reconociendo que estamos en un proceso continuo de crecimiento y transformación.

Otro aspecto importante en la construcción de una identidad auténtica es la valentía para ser diferentes. Vivimos en una sociedad que a menudo valora la conformidad y nos presiona para encajar en moldes preestablecidos. Sin embargo, ser auténtico a menudo significa ser diferente, pensar y actuar de manera que puede no ser comprendida o aceptada por todos. La autenticidad requiere el coraje de seguir nuestro propio camino, incluso cuando ese camino es diferente al de los demás. Esto no significa que debemos buscar ser diferentes por el simple hecho de serlo, sino que debemos estar dispuestos a seguir nuestra verdad, aunque esa verdad no sea la misma que la de quienes nos rodean.

En este proceso de construcción de una identidad auténtica, es fundamental también aprender a escuchar nuestra voz interior. En medio del ruido del mundo exterior, puede ser difícil escuchar y confiar en nuestras propias intuiciones y sentimientos. Sin embargo, nuestra voz interior es una guía poderosa que nos puede orientar hacia lo que realmente necesitamos y deseamos en la vida. Escuchar esa voz requiere práctica y paciencia, y a menudo implica aprender a silenciar las opiniones y expectativas de los demás. Al hacerlo, nos damos permiso para ser nosotros mismos, para tomar decisiones que reflejen quiénes somos en realidad, en lugar de quiénes creemos que deberíamos ser.

La autenticidad también está estrechamente vinculada con la honestidad, tanto con nosotros mismos como con los demás. Ser auténtico significa ser honesto acerca de nuestras emociones, pensamientos y deseos. No se trata de ser perfecto, sino de ser real. Esto puede ser particularmente difícil en una cultura que a menudo nos enseña a esconder nuestras debilidades y a proyectar una imagen de perfección. Sin embargo, la verdadera autenticidad se encuentra en la aceptación de nuestra humanidad, en la disposición a mostrar nuestras imperfecciones y vulnerabilidades sin temor al juicio. Cuando somos honestos con nosotros mismos y con los demás, construimos relaciones más auténticas y significativas, basadas en la confianza y la comprensión mutua.

Otro elemento crucial en la construcción de una identidad auténtica es la congruencia. La congruencia significa que nuestros pensamientos, palabras y acciones están alineados entre sí. Cuando actuamos de acuerdo con lo que realmente pensamos y sentimos, estamos siendo auténticos. La falta de congruencia, por otro lado, nos lleva a vivir en contradicción con nosotros mismos, lo que puede generar un profundo malestar emocional y una sensación de desconexión interna. Ser congruentes requiere valentía, ya que a menudo implica tomar decisiones difíciles y enfrentarnos a la desaprobación de los demás. Sin embargo, es un componente esencial de la autenticidad y del bienestar emocional.

La autenticidad también implica un profundo respeto por nosotros mismos. Respetarnos significa honrar nuestras necesidades, deseos y límites, incluso cuando esto significa decir no a los demás o tomar decisiones que pueden no ser populares. El respeto por uno mismo es la base de una identidad auténtica, ya que sin él, es fácil caer en el sacrificio de nuestra verdadera identidad en un intento de complacer a los demás. Cuando nos respetamos, nos permitimos vivir de acuerdo con nuestros propios valores y deseos, lo que nos lleva a una vida más plena y satisfactoria.

La construcción de una identidad auténtica es un viaje continuo que requiere introspección, valentía y compromiso. No es un destino al que se llega de una vez por todas, sino un proceso dinámico que evoluciona a lo largo de nuestra vida. A medida que enfrentamos nuevos desafíos y experiencias, nuestra comprensión de nosotros mismos puede cambiar, y nuestra identidad puede evolucionar. Este proceso de construcción de una identidad auténtica es, en última instancia, un acto de amor propio, un compromiso con vivir de una manera que sea fiel a quienes somos realmente.

A lo largo de este viaje, es importante recordar que la autenticidad no es algo que se logra de manera perfecta o constante. Habrá momentos en los que nos alejemos de nuestra verdadera identidad, en los que nos dejemos llevar por las expectativas de los demás o en los que actuemos de manera incongruente con nuestros valores. Estos momentos son parte del proceso y nos brindan la oportunidad de reflexionar y reajustar nuestro camino. Lo importante es mantenernos comprometidos con el viaje hacia la autenticidad, recordando que cada paso, por pequeño que sea, nos acerca a vivir de una manera más plena y auténtica.

En resumen, construir una identidad auténtica es un desafío continuo que requiere autoexploración, valentía y compromiso con uno mismo. Es un proceso de descubrimiento y aceptación de nuestra verdadera esencia, más allá de las expectativas externas y las etiquetas sociales. La autenticidad implica ser honestos con nosotros mismos, escuchar nuestra voz interior, actuar con congruencia y respetarnos profundamente. Aunque este viaje puede ser desafiante, los beneficios de vivir de manera auténtica son inmensos. Nos permite vivir de acuerdo con nuestros propios valores, establecer relaciones más significativas y experimentar una mayor satisfacción y bienestar en la vida. La autenticidad es, en última instancia, un acto de amor propio que nos guía hacia una vida más plena y verdadera.

El Viaje Continuo del Autoconocimiento

El autoconocimiento es un viaje sin fin, una travesía que nos acompaña a lo largo de toda nuestra vida. No es un destino al que llegamos y donde podemos descansar para siempre, sino un proceso continuo de exploración y descubrimiento. Cada etapa de nuestra vida, cada experiencia y cada desafío nos ofrecen nuevas oportunidades para conocernos mejor, para entender más profundamente quiénes somos y cómo encajamos en el mundo que nos rodea.

El viaje del autoconocimiento comienza desde el momento en que empezamos a ser conscientes de nosotros mismos. Desde que somos niños, empezamos a formarnos una idea de quiénes somos a partir de las interacciones con nuestros padres, amigos y el entorno que nos rodea. Sin embargo, estas primeras impresiones a menudo están teñidas por las expectativas y percepciones de los demás. Nos dicen qué es lo que está bien y lo que está mal, qué se espera de nosotros y cómo deberíamos comportarnos. A medida que crecemos, empezamos a adoptar estas ideas como nuestras, sin cuestionarlas demasiado. Pero, con el tiempo, muchos de nosotros empezamos a sentir que algo falta, que hay una desconexión entre lo que somos y lo que creemos que deberíamos ser. Este sentimiento es a menudo el primer indicio de que estamos listos para profundizar en el autoconocimiento.

El autoconocimiento implica ser honestos con nosotros mismos, lo cual no siempre es fácil. A menudo, preferimos evitar ciertas verdades incómodas o ignorar aspectos de nosotros mismos que no nos gustan. Sin embargo, el verdadero autoconocimiento requiere valentía. Necesitamos estar dispuestos a mirar dentro de nosotros mismos con una mirada clara y compasiva, aceptando tanto nuestras fortalezas como nuestras debilidades. Esto no significa que debamos criticarnos o juzgarnos con dureza, sino que debemos reconocer todas las partes de nuestra identidad, incluso aquellas que nos resultan difíciles de aceptar. Solo al hacerlo podemos empezar a entendernos realmente y a crecer de manera auténtica.

Es importante entender que el autoconocimiento no es un proceso lineal. No se trata de seguir un camino recto donde cada paso nos lleva a una mayor claridad y entendimiento. En realidad, es más como un sendero lleno de curvas, retrocesos y desvíos. Habrá momentos en los que sentiremos que hemos hecho grandes avances y otros en los que parecerá que hemos perdido el rumbo. Este vaivén es parte natural del proceso. A medida que enfrentamos nuevas situaciones, descubrimos nuevas capas de nuestra personalidad, y nuestras comprensiones anteriores pueden verse desafiadas o enriquecidas por estas nuevas experiencias.

Una de las claves del autoconocimiento es la reflexión. Tomarse el tiempo para pensar en nuestras experiencias, emociones y reacciones es fundamental para entendernos mejor. A menudo, estamos tan atrapados en la rutina diaria que no nos damos la oportunidad de reflexionar sobre lo que sentimos o por qué actuamos de cierta manera. Pero la reflexión nos permite detenernos y analizar nuestras vidas desde una perspectiva más amplia. Nos ayuda a identificar patrones de comportamiento, creencias limitantes o emociones no resueltas que pueden estar influyendo en nuestras decisiones y acciones. Al reflexionar, podemos aprender de nuestras experiencias y utilizarlas para crecer y evolucionar.

El autoconocimiento también implica la capacidad de adaptarse y cambiar. A medida que nos conocemos mejor, podemos darnos cuenta de que algunas de nuestras creencias o comportamientos ya no nos sirven. Puede ser tentador aferrarse a lo que conocemos, incluso cuando sabemos que no nos beneficia. Sin embargo, el verdadero crecimiento requiere la disposición de soltar lo que ya no nos sirve y de abrazar nuevas formas de ser. Esto puede ser difícil, ya que el cambio a menudo viene acompañado de incertidumbre y miedo. Pero también es una oportunidad para reinventarnos y vivir de una manera más alineada con nuestra verdadera esencia.

Una parte importante del viaje del autoconocimiento es aprender a escuchar nuestras emociones. Nuestras emociones son una fuente valiosa de información sobre nosotros mismos y nuestras necesidades. A menudo, tratamos de ignorar o suprimir nuestras emociones, especialmente aquellas que consideramos negativas, como la tristeza, la ira o el miedo. Pero estas emociones, cuando se reconocen y se procesan adecuadamente, pueden enseñarnos mucho sobre lo que realmente queremos y necesitamos en la vida. Escuchar nuestras emociones implica ser conscientes de lo que sentimos en cada momento y explorar las razones detrás de esos sentimientos. Al hacerlo, podemos desarrollar una comprensión más profunda de nosotros mismos y de lo que nos impulsa.

El autoconocimiento también se enriquece a través de nuestras relaciones con los demás. Las interacciones con otras personas pueden actuar como espejos que reflejan aspectos de nosotros mismos que tal vez no habíamos visto antes. Las relaciones pueden desafiar nuestras percepciones y creencias, obligándonos a reconsiderar quiénes somos y cómo actuamos. A través de la retroalimentación que recibimos de los demás, podemos obtener una perspectiva más amplia y objetiva de nosotros mismos. Sin embargo, es importante tomar esta retroalimentación con discernimiento, recordando que cada persona tiene su propia visión y que no toda opinión externa refleja la realidad de quiénes somos.

Otra herramienta valiosa en el viaje del autoconocimiento es la escritura. Escribir sobre nuestras experiencias, pensamientos y emociones puede ser una forma poderosa de clarificar lo que sentimos y pensamos. Al poner nuestras ideas en papel, podemos organizar nuestros pensamientos y ver nuestras situaciones desde una nueva perspectiva. La escritura también nos permite rastrear nuestro progreso a lo largo del tiempo, lo que puede ser alentador y revelador. Escribir un diario, por ejemplo, puede ser una práctica diaria que nos ayuda a mantenernos conectados con nosotros mismos y a seguir profundizando en nuestro autoconocimiento.

En este viaje continuo, es fundamental recordar que el autoconocimiento no es una meta que se alcanza de una vez por todas. Siempre habrá más por descubrir sobre nosotros mismos, y eso es lo que hace que este viaje sea tan fascinante y enriquecedor. A medida que envejecemos y acumulamos nuevas experiencias, nuestras perspectivas cambian y evolucionan. Lo que creíamos saber sobre nosotros mismos en un momento dado puede cambiar a la luz de nuevas circunstancias o descubrimientos. Esta evolución es natural y forma parte del proceso de crecimiento personal.

El autoconocimiento también tiene un impacto profundo en nuestra felicidad y bienestar. Cuanto más nos conocemos, más capaces somos de tomar decisiones que estén alineadas con nuestros valores y deseos. Esto nos permite vivir de una manera más auténtica y satisfactoria, en lugar de seguir un camino que no nos pertenece realmente. Además, el autoconocimiento nos ayuda a navegar los desafíos de la vida con mayor resiliencia, ya que nos proporciona una base sólida desde la cual enfrentar las dificultades. Al conocer nuestras fortalezas y debilidades, estamos mejor preparados para manejar el estrés, la incertidumbre y los contratiempos.

Es importante recordar que el autoconocimiento no debe ser un proceso solitario. Aunque gran parte del trabajo interno lo hacemos por nuestra cuenta, también es valioso buscar apoyo en los demás. Conversar con amigos, familiares o terapeutas puede brindarnos nuevas perspectivas y ayudarnos a ver aspectos de nosotros mismos que tal vez hemos pasado por alto. Además, compartir nuestro viaje con otros puede fortalecer nuestras relaciones y crear un sentido de conexión y comprensión mutua.

En conclusión, el viaje continuo del autoconocimiento es un proceso dinámico, lleno de descubrimientos y desafíos. Es un viaje que requiere valentía, honestidad y una disposición a cambiar y crecer. A lo largo de este camino, aprenderemos mucho sobre nosotros mismos, sobre lo que realmente queremos en la vida y sobre cómo vivir de una manera que sea fiel a nuestra verdadera esencia. Aunque este viaje puede ser desafiante en ocasiones, también es profundamente gratificante. Nos permite vivir con mayor autenticidad, tomar decisiones más conscientes y, en última instancia, llevar una vida más plena y significativa. El autoconocimiento es, en última instancia, un regalo que nos damos a nosotros mismos, un compromiso con vivir de manera más verdadera y consciente.